家族で楽しむ

子どものお祝いごと と季節の行事

新谷尚紀 監修

日本文芸社

はじめに

日本の各地に、これまで伝えられてきた赤ちゃんや子どものお祝いごとのしきたりやならわしの中には、私たちの遠い先祖から最近の祖父母や両親まで、幾世代ものあいだに積み重ねられてきた子育ての知恵や技が詰まっています。いつの世も多くの親たちは、大切な子どもたちのすこやかな成長を願ってきました。

銀《しろかね》も　金《くがね》も玉も　なにせむに
勝《まさ》れる宝　子に及《し》かめやも

これは『万葉集』に収められた有名な山上憶良の歌です。遠い昔から、子どもたちは親にとってはかけがえのない宝だったことがわかります。また、「這えば立て、立てば歩めの親心」という言いならわしも、子どもの成長を願う親たちの気持ちをよく表しています。

乳歯が生えはじめるころには「お食い初め」、立ち歩きをはじめる1歳の誕生日には「祝い餅」、そして、物心のつきはじめる3歳には「髪置き」、活発な動きをするようになる5歳には「袴着」、幼児から児童へと、子どもなりの社会への出発にあたる7歳では「帯解き」など、それぞれの大切な節目を祝うものとして、子どもたちの成長の中に心地よいリズムを刻んであげるものでした。それは、実は子どものためのようでありながらも、忙しい親たち自身にとっても、自分たちの人生にリズムを刻むものでした。

超情報化、超高速化の現代社会であればこそ、しきたりやならわしという民俗の伝承の知恵に学んで、子どもの成長をお祝いすることが、豊かな暮らしへの一歩となるのではないでしょうか。

新谷　尚紀

もくじ

子どものおつきあいとマナー
知っておきたい行事の基本……117

子どもの成長をお祝いする行事

すこやかな成長を喜ぶ お祝いごと一覧

子どもが成長していくなかで、さまざまなお祝いごとがあります。
このページでは、「翔太くん」という男の子を主人公に赤ちゃん・子どものお祝いごとを紹介します。

お母さんのおなかに宿った小さな命。無事に生まれることを願って、腹帯を巻きました。

妊娠5か月目の戌の日
帯祝い

待望の赤ちゃんが元気に生まれてきました！ 連絡を待ちわびているおじいちゃんとおばあちゃんに喜びの報告をしようね。

生後1か月以内
出産祝い

赤ちゃんの名前は「翔太」に決定！ お披露目の食事会では、かわいい翔太が大人気でした。

生後7日目
お七夜

翔太にとってはじめての本格的な外出。近所の神社にお参りして、翔太の誕生を報告しました。

生後1か月前後
お宮参り

翔太にはじめて食べ物を食べさせる儀式です。おじいちゃんが食べさせるまねをしてくれました。

生後100日目
お食い初め

翔太と迎えるはじめてのお正月です。魔除けの破魔矢を飾って、お祝いをしました。

生後はじめてのお正月
初正月

5月5日、翔太ははじめての端午の節句を迎えました。勇ましい鎧兜に大満足の様子。

生後はじめての節句
初節句

翔太の1歳の誕生日。一升餅を背負わされて転んだ翔太は、大泣きでした。

生後1年目
初誕生

5歳になった翔太を連れて神社にお参り。7歳のお姉ちゃんも一緒にお祝いできて楽しかったね。

3・5・7歳の11月
七五三

さあ、いよいよ幼稚園での生活をはじめる翔太。入園式で着たブレザーがかっこよかった!

0～5歳の4月
入園式

卒園式の日を迎えました。卒園証書を受け取る立派な姿を見て、思わず涙。

5～6歳の3月
卒園式

お姉ちゃんはひと足早く小学校へ入学。ランドセルがとってもお似合いだったよ。

6～7歳の4月
小学校入学式

小さかった翔太もいよいよ小学校を卒業です。これからどんな男の子に育っていくのか、ますます楽しみ!!

11～12歳の3月
小学校卒業式

1

帯祝い

安産を祈って腹帯を巻く行事

【おびいわい】

妊娠
5か月目の
戌の日

「帯祝い」は、妊婦の両親や親族が集まって、岩田帯《いわたおび》と呼ばれる腹帯を妊婦のおなかに巻いて安産を願う儀式です。

妊娠や出産は喜ばしいことですが、少なからず母体に危険をともないます。とくに医療が発達していなかった時代、無事に出産を迎えることは、夫婦や家族の切なる願いでした。

帯祝いは、多産でお産の軽い犬にあやかって、妊娠5か月目の戌《いぬ》の日（12日に1度めぐってくる日）に行われてきました。岩田帯は、妊婦のおなかを保護し、冷えから母体を守る役割があります。

かつては、腹帯を巻く「着帯式《ちゃくたいしき》」のあと、親族で祝い膳を囲むのがしきたりでしたが、現在は、産院で着帯法の指導を受けたり、神社で安産祈願のお参りをしたりしたあとに、親しい親族で食事をして祝うことが一般的です。

帯祝いで巻く岩田帯

岩田帯は、さらし木綿の帯です。儀式用として、紅白2筋と白いさらし1筋を3枚重ねて巻くこともあります。岩田帯を巻くときは、2つ折りにして、おなかの前で折り返すようにして巻いていきます。強く巻きすぎて、胎児を圧迫しないように注意しましょう。巻き方は産院などで指導してもらい、帯祝い以降は、日ごろから岩田帯を巻いておなかを保温しましょう。

岩田帯は、妊婦の実家から贈られることが多いようです。

マタニティーガードルでもOK

岩田帯は、帯祝いのときだけでなく、日ごろから着用することが大切です。近年は、マタニティーガードルやコルセット型の腹帯を利用する妊婦も増えています。

岩田帯の巻き方

① 2つ折りにして、半分の幅にし、端から巻いていきます。

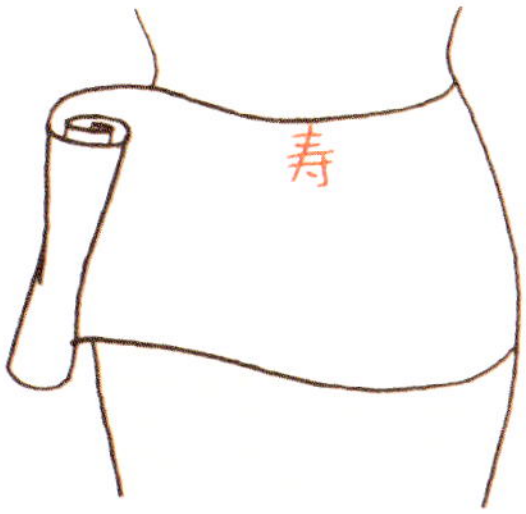

② 「寿」の文字が入っているものは、文字が正面にくるように巻きはじめます。

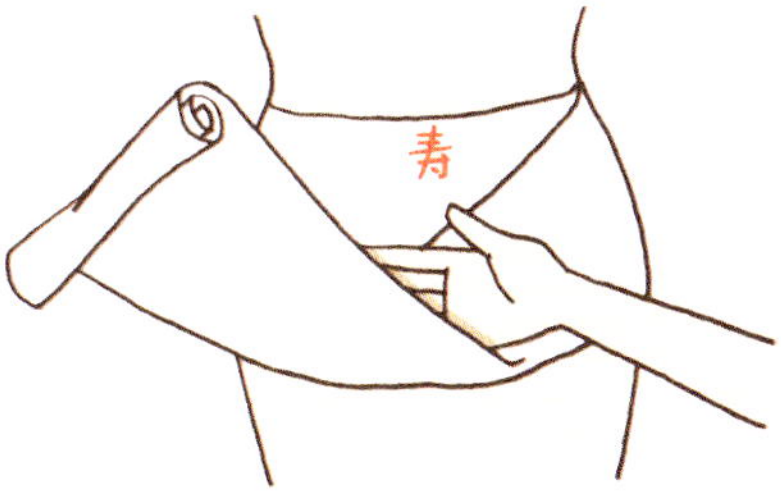

③ 1周させたら、手をはさんで斜めに折り返します。

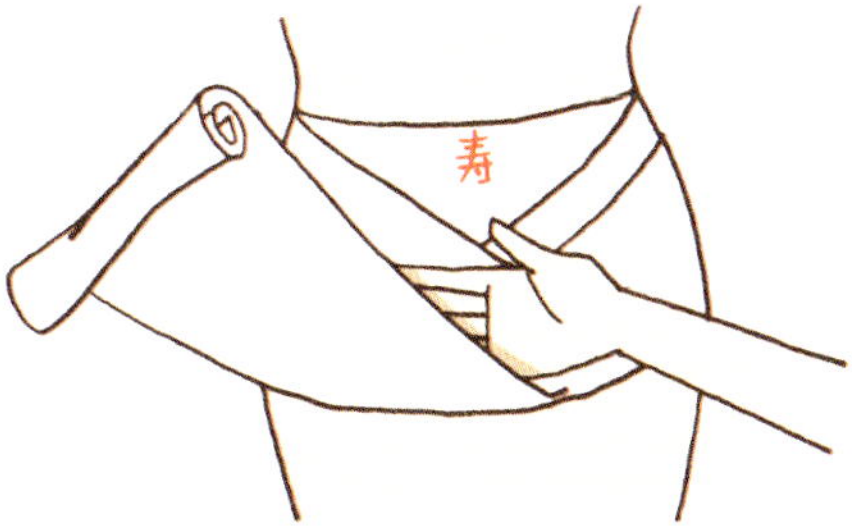

④ もう1周させて、再び手をはさんで折り返します。合計3回ほど折り返します。

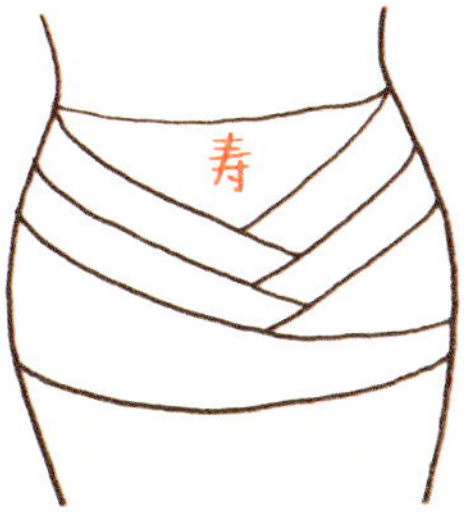

⑤ 余った布をうしろ側にはさみこんでとめます。

神社で安産祈願のお参りを

帯祝いに合わせて、安産祈願のお参りをしましょう。ただし、安産祈願で有名な神社は、休日や戌の日には混雑することが多いので、妊婦の体調を気づかって別の日に詣でても構いません。戌の日に限らず、毎日祈祷《きとう》を受け付けている神社も多いので、あらかじめ連絡を取って確認しておきましょう。

参拝のときは、普段着で構いませんが、清潔な服装を心がけます。

祈祷の手順

① 手水舎《ちょうずや》で身を清めたあと、神札所などで安産祈願の申し込みをします。所定の用紙に必要事項を記入しましょう。このとき渡す謝礼を入れる祝儀袋（水引は紅白のちょう結び）は事前に準備しておき、「御初穂料」「御玉串料」などと表書きし、赤ちゃんの名前を書いておきます。おはらいをしてほしい岩田帯を持参した場合は、このときに預けます。

② 順番を待ち、名前を呼ばれたら案内にしたがって本殿へ向かいます。祈祷の前に、神主から、おはらいを受けます。

③ 神主が神様に祝詞《のりと》を奏上します。祝詞が終わったら、姿勢を正して「二拝・二拍手・一拝」を行います。

④ 安産のお守りなどを受け取ったあと、本殿を退出します。

家族で妊娠を喜び安産を祈る

帯祝いでは、親族と祝い膳を囲むのがしきたりですが、現在では、家族で神社にお参りをしたあとにレストランで食事をしたり、親族を自宅に招待して、赤飯などでお祝いをするのが一般的です。夫婦だけで簡単にお祝いをする場合も多いようです。安産を祈り、妊娠の喜びを家族で分かち合いながら、楽しく食事をとりましょう。

神社で購入した安産のお守りを、会食の前後に親族から妊婦に渡してあげると喜ばれるでしょう。

お祝いの贈り方

帯祝いで使う岩田帯は、妊婦の実家が用意するのが基本です。安産祈願で有名な神社やデパートなどで購入できます。

本人の希望を聞いて、マタニティーガードルやコルセット型の腹帯のほかに、マタニティーグッズなどを贈ってもよいでしょう。現金を贈っても喜ばれます。

祝儀袋・のし紙

【表書き】
「御帯祝」「御祝」
【水引】
紅白ちょう結び
【金額のめやす】
3000～5000円

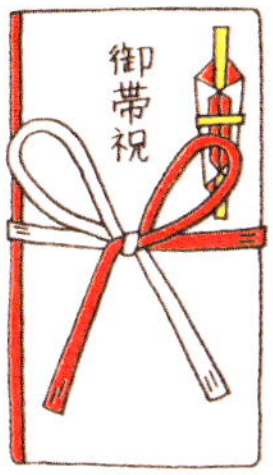

マタニティードレスやマタニティーガードルなどが、贈り物として喜ばれます。

お祝いのお返し

帯祝いのお祝いは、親族から贈られるものなので、お返しは必要ありません。食事に招待することがお返しになります。このときに、あらためてお礼を伝えましょう。

食事に招待できなかった場合は、まずは電話でお礼を伝えて、お礼状を出すのがマナーです。地域によりしきたりが違うこともあるので、確かめておくことも大切です。

2

出産祝い【しゅっさんいわい】

赤ちゃんの誕生を祝い、すこやかな成長を願う

生後1か月以内

心待ちにしていた赤ちゃんの誕生は、ほんとうにうれしいものです。まずは赤ちゃんが生まれたことを、両親や親しい親類などの限られた親族に連絡し、お見舞いにきてもらって、喜びを分かち合いましょう。ただし、出産直後は疲れがたまっているので、母子ともに無理は禁物です。友人・知人には、体調が落ち着いてから連絡するとよいでしょう。

出産したお母さんは、産院に4~7日ほど入院し、はじめての授乳を行ったり、検査を受けたり、看護師さんから退院後の食事や、赤ちゃんのお世話の方法などの指導を受けます。

母子ともに健康な状態で入院期間を終えたら、いよいよ退院です。お世話になった先生や看護師さんにお礼と感謝の気持ちを伝えて、赤ちゃんと一緒に自宅に帰りましょう。

出産報告は近しい人から

赤ちゃんが誕生したら、その喜びを祖父母や友人に報告しましょう。報告する順序や、誰に報告をするかは、出産前に夫婦で話し合っておくとよいでしょう。出産直後のお母さんは精神的・体力的に無理ができないので、どうしても自分から報告したい相手以外は、お父さんや祖父母から連絡してもらうようにします。友人や知人には、退院後に報告しても失礼にはあたりません。

ふだんのつきあいが少ない人にまで報告をすると、お祝いを催促していると受け取られることもあるので、注意が必要です。

出産報告の手順

1. 出産直後に、祖父母に電話などで知らせます。このほか、ごく限られた親族に連絡します。
2. 入院中に、お世話になっている親戚や、親しい友人などに連絡します。祖父母から連絡してもらってもよいでしょう。友人には赤ちゃんの写真を添付したメールを送っても喜ばれます。
3. 退院して落ち着いたら、友人や知人、職場などに、はがきなどで連絡します。急ぐ必要はなく、出生届がすんでからでもかまいません。ふだんのつきあいが少ない人には、1か月を過ぎてから、年賀状や暑中見舞いなどで報告します。

目上の人には手紙で報告を

目上の人に対して、メールで出産を報告するのは失礼とされていますので、退院後に手紙で報告しましょう。生まれた日と性別、体重、名前を書き、お世話になった場合は、お礼も伝えます。母子の健康状態を知らせることも忘れずに。

すこやかな成長を願う三日祝い

現在ではあまり行われなくなりましたが、昔は赤ちゃんが生まれて3日目に、無事に生まれたことを祝い、すこやかな成長を願って「三日《みっか》祝《いわ》い」の儀式が行われていました。

三日祝いでは、赤ちゃんの体をお湯で洗います。生後すぐに赤ちゃんの体を洗うお湯は産湯《うぶゆ》といいますが、三日祝いで入浴させるお湯のことも産湯と呼びます。産湯に入浴させたあと、赤ちゃんに産着を着せます。産着には、ふつう麻の葉模様が入っています。これは、麻の葉がじょうぶでまっすぐ育つように、赤ちゃんもすこやかに育って欲しいという願いがこめられています。

三日祝いの産湯と産着

産湯
三日祝いの産湯の中に、赤ちゃんがじょうぶに育つことを願って酒や塩を入れたり、漆のお椀を入れたりする地域もありました。また、産湯に使った湯は、日の当らない場所や床下などに捨てられ、捨てる場所が悪いと夜泣きをするといった言い伝えもあったそうです。

産着
麻の葉模様の産着は、江戸時代から使われていたといわれ、今の新生児用の肌着にも、麻の葉模様が多く見られます。

記念に残す へその緒と産毛

赤ちゃんが生まれると、へその緒と産毛を大事にとっておくならわしがありました。

へその緒は、妊娠中にお母さんの胎盤と赤ちゃんのへそをつないでいる管のことです。へその緒を通して、赤ちゃんは、お母さんの体から栄養や酸素をもらって成長します。出産後、へその緒が切り取られると、子どもの守り神とされて、一部を桐箱に入れてとっておきました。

産毛は、赤ちゃんがおなかの中にいるときから生えている髪の毛のことです。へその緒と一緒に紙に包んで、赤ちゃんが成人するまで大切に保管します。

赤ちゃんの出産記念に残す品

赤ちゃん筆

赤ちゃん誕生の記念に、細くやわらかい産毛を使って筆をつくることがあります。「赤ちゃん筆」「胎毛筆」などと呼ばれる筆です。

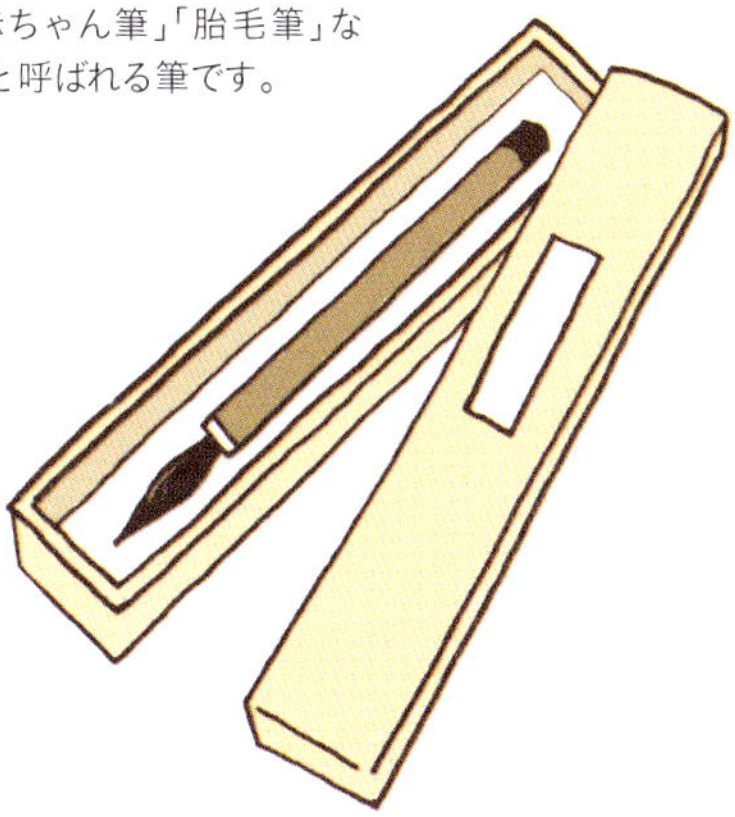

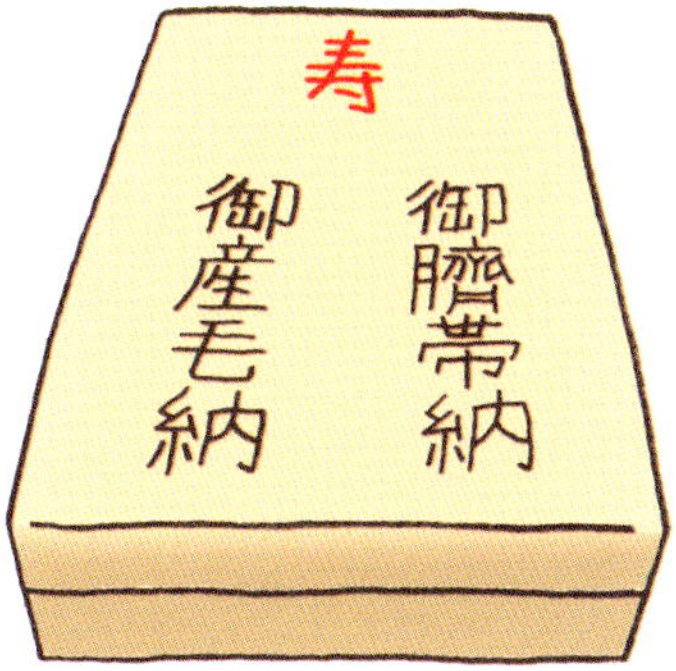

へその緒

へその緒は、桐箱に入れて保管します。桐箱は、退院時に渡してくれる産院もあります。

産飯の儀式

赤ちゃんの誕生直後に炊くご飯を、産飯《うぶめし》（産立《うぶた》て飯《めし》）といいます。炊かれたご飯は、茶碗に高く盛り、赤ちゃんやお母さんの守り神である産神様《うぶがみさま》に供え、出産が無事にすんだことを感謝しました。「一生食べるのに困らないように」という願いをこめて、「一升」の米を炊く地域が多かったといいます。

産飯は生まれた赤ちゃんの枕元に置き、お母さんや産婆さんのほか、お世話をしてくれた女性たちが食べました。

退院の準備と病院へのお礼

産後、母子ともに問題がなければ退院です。退院が近づいてきたら、身の回りのものを整理して、退院の準備を進めておきましょう。お世話になった先生や看護師さんには、感謝の気持ちとお礼を伝えましょう。お礼の品は必要ありませんが、何かお礼の品を贈りたいときは、菓子折りなどに、のし紙をかけて「御礼」と表書きして渡します。病院によってはお礼を受け取らないところもあるので、辞退されたら無理に渡さないようにします。

退院にはベビーシートを準備

自家用車で退院する場合は、乳児用のベビーシート（チャイルドシート）が必要です。法律で義務づけられているので必ず用意しましょう。ベビーシートはレンタルも可能です。

お世話になった先生や看護師さんに、お礼の言葉を伝えましょう。また、お母さんはまだ体調が回復していないので、お父さんは退院の手伝いを積極的にしてあげましょう。

お母さんのお見舞い

出産直後は、母子ともに体調が万全ではありません。祖父母や親しい親類であっても、お見舞いに行く場合は、事前に体調などを確認してから出かけるようにしましょう。

お見舞いのときは、母体を気づかって、短時間で切り上げましょう。赤ちゃんに負担をかけてしまうので、強くゆすったり、いきなり抱きあげたりすることは避けます。また、出産をがんばったお母さんに対していたわりの言葉をかけましょう。

お見舞いでの注意点

- 長居をしない。
- 赤ちゃんを強く刺激しない。
- 事前に先方の都合を確かめる。
- お見舞いする側は自分の体調が悪いときに行かない。
- 退院時に荷物になる贈り物を持参しない。
- お母さんへの気づかいを忘れない。

お祝いの贈り方

出産祝いは、1か月以内にベビー用品などを贈ることが基本ですが、親族なら欲しい物を聞いたり、現金を贈ってもよいでしょう。祖父母からは、ベビーカーやベビーシートなど、やや高額な物を贈ることが多いようです。友人であればマザーズバッグなど、お母さんへの贈り物も喜ばれます。また、不幸にして、無事に出産できない場合もあるので、出産を確認してからお祝いを贈るようにしましょう。

ベビーカーにはさまざまなタイプがあります。贈る場合は、相手の好みを聞いてから選ぶようにしましょう。

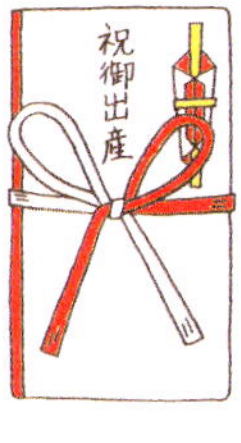

祝儀袋・のし紙

【表書き】
「祝御出産」「御出産御祝」
【水引】紅白ちょう結び
【金額のめやす】
1～3万円（親族）
5000～1万円（友人）

お祝いのお返し

出産祝いをもらったら、1か月以内に、内祝いを贈ります。出産の内祝いには、菓子やタオル、お茶、コーヒーなどの日用品が基本ですが、好きな商品を選べるカタログギフトも定番になっています。

内祝いの品にかけるのし紙には、「内祝」と表書きし、赤ちゃんの名前を書き入れます。名前にはふりがなをふっておきましょう。贈るときは、お礼の手紙を添えます。親しい間柄なら、赤ちゃんの写真を同封すると喜ばれるでしょう。

のし紙

【表書き】「内祝」
【水引】紅白ちょう結び
【金額のめやす】もらったお祝いの半額程度

3

お七夜

【おしちや】

赤ちゃんの名前を披露する生後7日目のお祝い

生後7日目

赤ちゃんが生まれて7日目に行うお祝いを、「お七夜」といいます。赤ちゃんの名前を披露し、赤飯や尾頭つきの魚などの献立を用意して、親族で祝い膳を囲みます。

お七夜は、無事7日目を迎えた赤ちゃんに名前を与えて、ひとりの人間として認めるための儀式です。医療が発達していなかった時代、生後まもなく亡くなる赤ちゃんがたくさんいたため、生後7日目までは赤ちゃんの名前をつけなかったことに由来しています。

お七夜では、赤ちゃんの名前を記した命名書《めいめいしょ》を、神棚や床の間などに飾って親族に披露する「命名式」を行うのがしきたりです。

名前は、お父さんとお母さんから赤ちゃんへの最初の贈り物で、一生残るものです。思いや願いをこめて、すてきな名前をつけてあげましょう。

すこやかな成長を願う命名式

お七夜では、命名式を行います。命名式は、赤ちゃんの名前を書いた命名書を披露し、赤ちゃんのすこやかな成長を願う儀式です。昔は、母方の祖父などに名づけ親を頼んで命名してもらうことがあり、命名書も名づけ親に書いてもらいましたが、現在では両親が命名し、自分たちで命名書を書くことが一般的です。

正式な命名書は、奉書紙を3つ折りにして、上包みで包みますが、半紙などに名前を書く略式の命名書が主流になっています。

正式・略式ともに、命名書には、赤ちゃんの氏名、生年月日、両親の氏名、続柄などを、濃い墨を使って毛筆で書きます。

正式な命名書の書き方

- 両親の名前
- 命名日
- 赤ちゃんの名前
- 父親の名前と赤ちゃんの続柄
- 誕生の年月日
- 奉書紙を2つ折りにして、折り目は下にします。

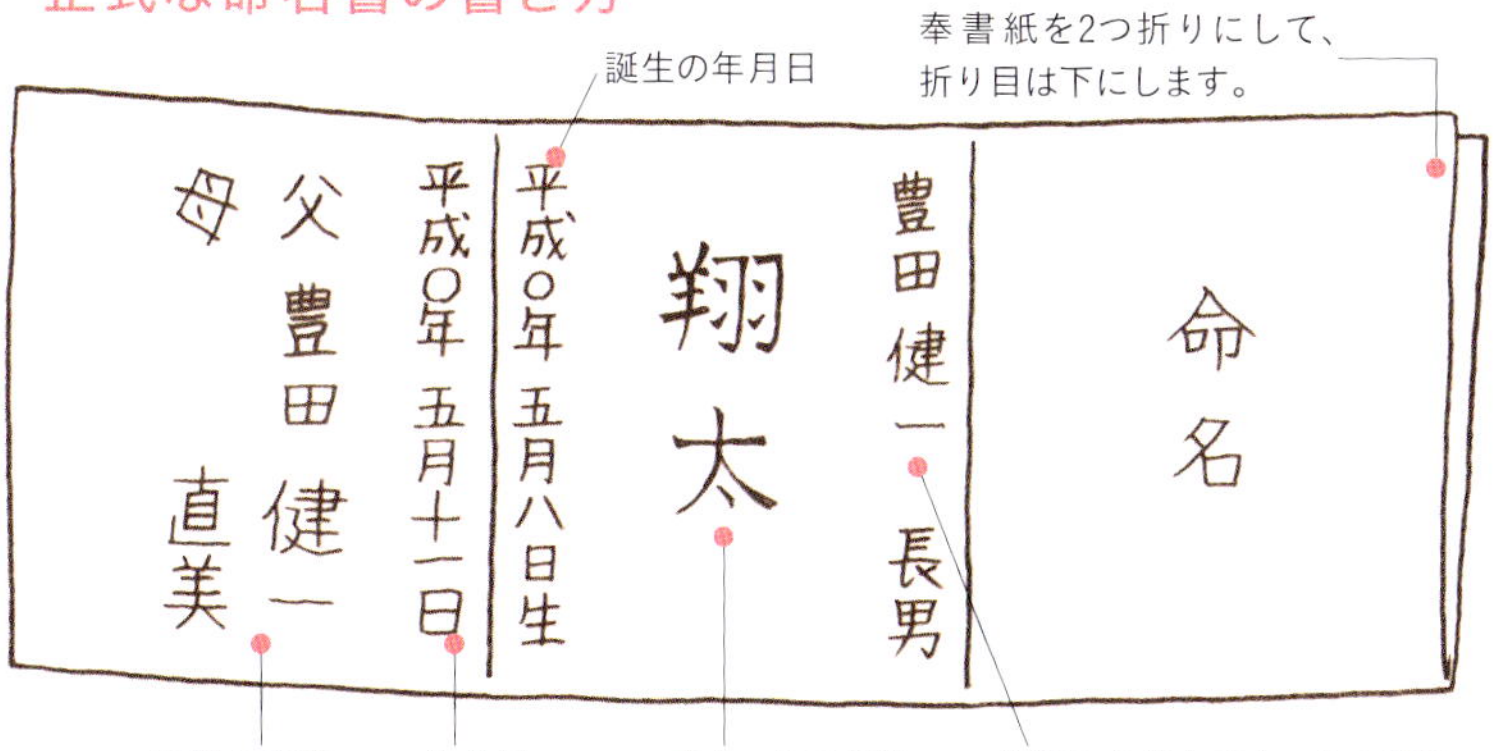

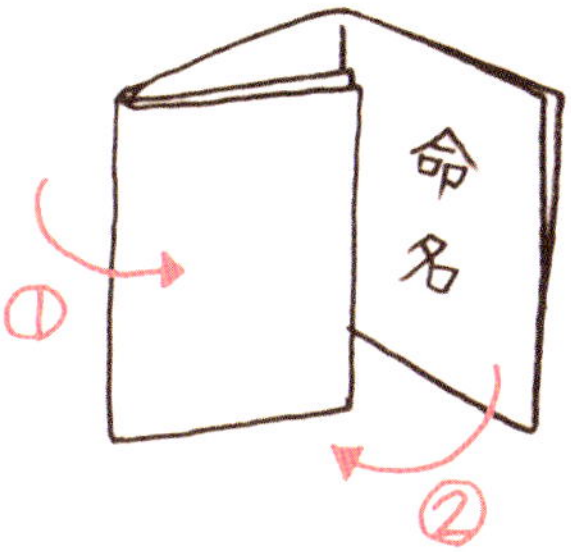

左側から中に、3つ折りにします。

略式の命名書の書き方

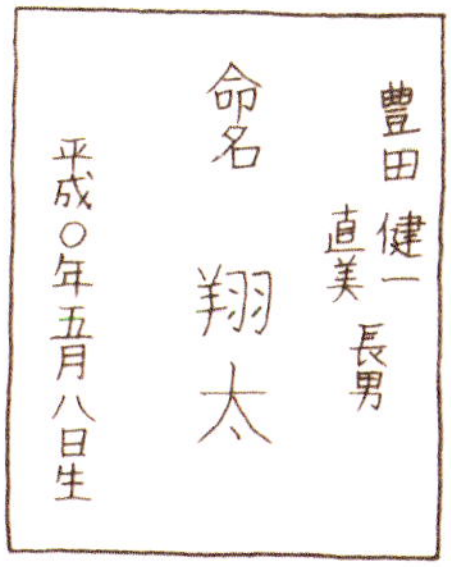

半紙や市販の命名紙を用意し、赤ちゃんの名前、生年月日、両親の名前、続柄を書きます。

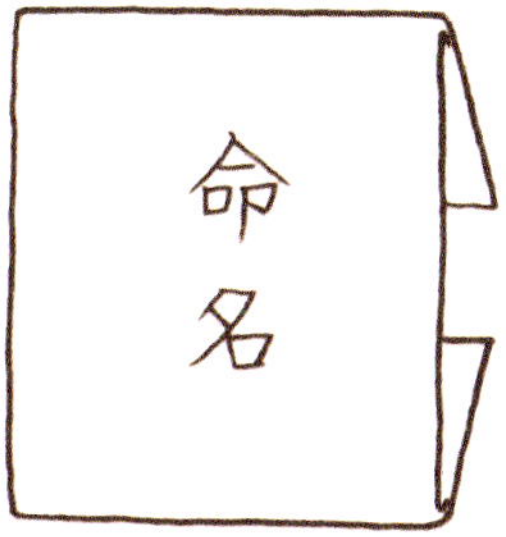

上包みに「命名」と表書きします。

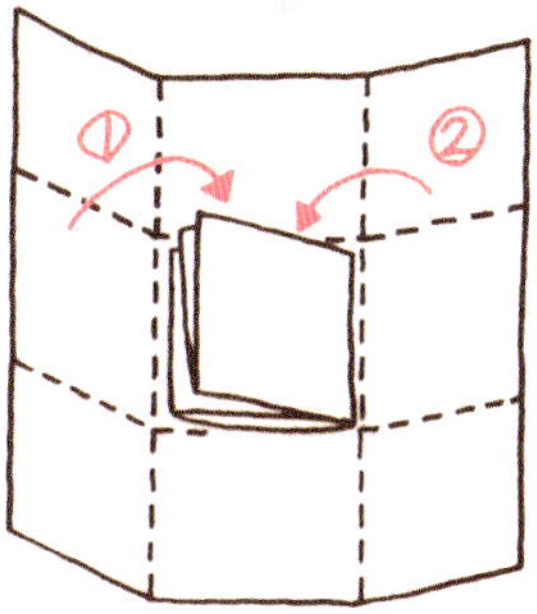

上包み用に奉書紙を用意し、3つ折りにした命名書を中心に置き、左、右の順で折ります。次に上、下の順で折って包みます。

命名書は床の間や神棚に飾って

正式な命名書は、三方《さんぼう》（お供え物をのせる台）にのせて、床の間や神棚などに飾ります。神棚に飾った場合は、お供え物をして、赤ちゃんの誕生を感謝し、幸せを祈りましょう。

略式の命名書は、神棚や床の間の鴨居にはって飾ります。神棚や床の間がなければ、赤ちゃんの枕元にはったり、鴨居につるすなど、目立つ場所に飾りましょう。

飾る日数は決まっていない

命名書を飾る日数は決まっていませんが、お宮参り（26ページ参照）の時期まで飾っておくことが多いようです。下げたあとは、へその緒などと一緒に保管しておきましょう。

略式の命名書の飾り方

略式の命名書は、床の間や神棚がなければ、リビングの壁や柱など、その家のいちばん目立つ場所に飾ることが基本です。赤ちゃんの枕元の壁や、ベビーベッドにはって飾ってもよいでしょう。

正式な命名書の飾り方

命名書を三方にのせて、床の間や神棚に飾ります。神棚に飾る場合は、お神酒《みき》や赤飯などを供えるとよいでしょう。

祝い膳には赤飯と尾頭つきの魚を

お七夜では、祝い膳を用意し、祖父母などを招いて会食します。祝い膳は、赤飯と尾頭つきの魚が基本です。

出産7日目は、産院を退院したばかりのお母さんがほとんどで、料理をできる状態ではありません。このため、仕出し料理などを注文するのが一般的です。産後にお母さんが実家に戻っている場合は、祖母が祝い膳を用意することが多いようです。

退院直後のお母さんや赤ちゃんに無理をさせるのは禁物です。お母さんは、お祝いの席に少し顔を出したあと、赤ちゃんと一緒に別室に下がって休むようにしましょう。

お七夜の祝い膳の例

お七夜の祝い膳は、尾頭つきの焼き魚と赤飯が基本で、それ以外に煮物や刺身、揚げ物などを、招待客の好みに合わせて用意します。

出生届の出し方と注意点

赤ちゃんが生まれたら、出生届を役所・役場に提出する必要があります。出生届が受理されることによって、赤ちゃんは両親の戸籍に入ることになります。

赤ちゃんの名前に使える字は、常用漢字、人名用漢字、ひらがな、カタカナだけです。一度出生届を出したあとは変更できませんので、よく考えてあげましょう。届け出には、退院時に渡される出生届と出生証明書のほか、母子手帳、印鑑などが必要です。また、出生届は、出生日から14日以内に提出することが義務づけられています。

出生届を出すときの注意点

- 出生日から14日以内に提出する。
- 名前に使えるのは、常用漢字、人名用漢字、ひらがな、カタカナのみ。
- 届出人は原則として父母。
- 届け出ができるのは、赤ちゃんの本籍地か出生地、または届出人（父母）の所在地の市区町村役場。

出生届に必要なもの

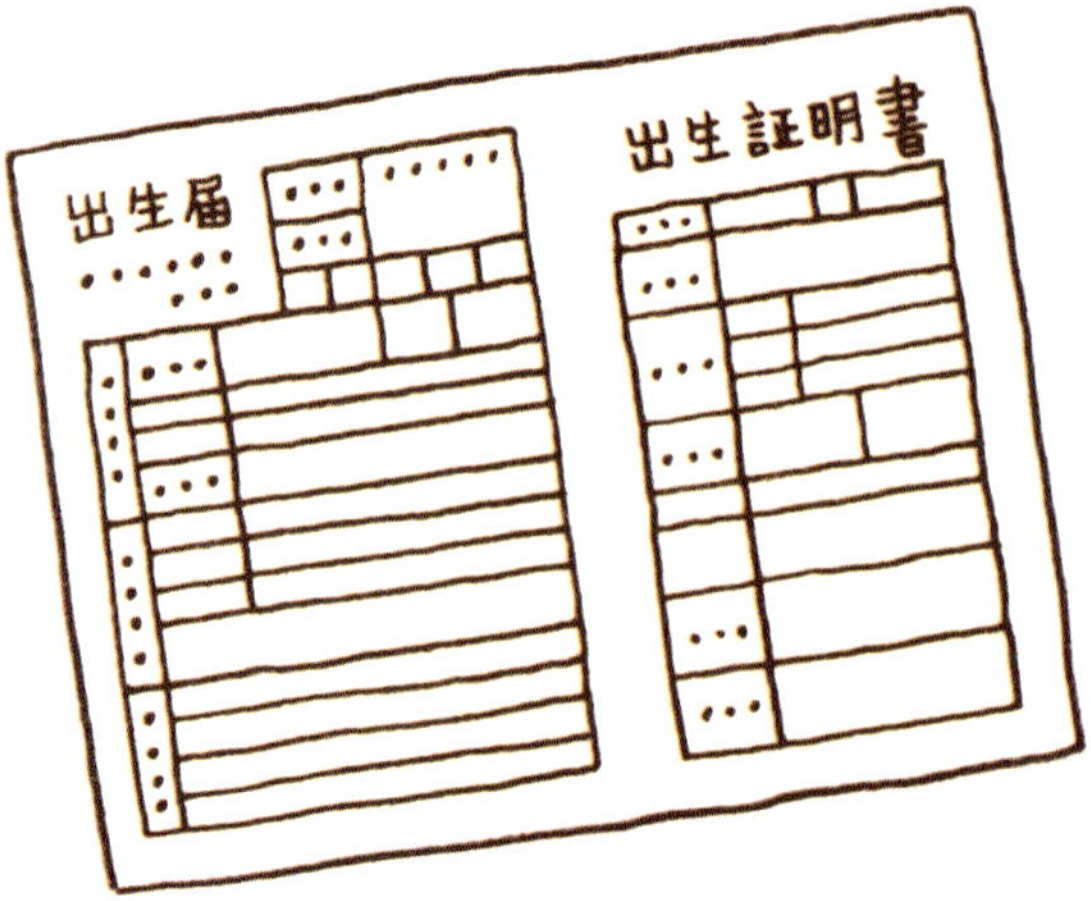

出生届と出生証明書

母子健康手帳

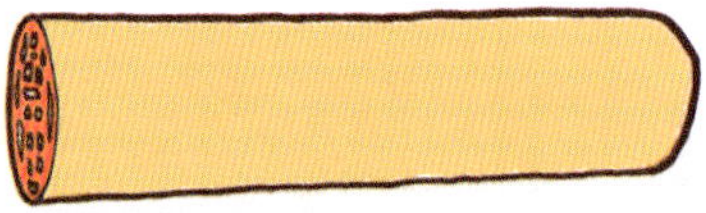

印鑑

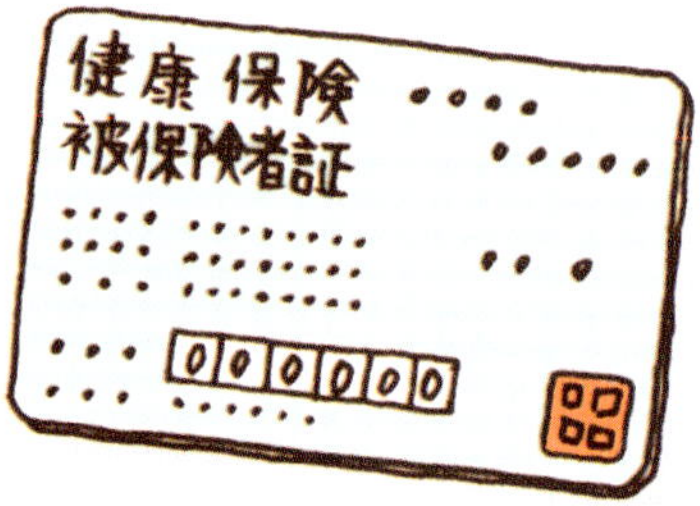

健康保険証
（国民健康保険の場合のみ）

赤ちゃんに名前をつける「名づけ親」

　生まれた赤ちゃんに名前をつける人のことを「名づけ親」といいます。昔は祖父や年長の親類、村の長老、お寺の住職などに、その人にあやかりたいと名づけ親を頼むことが多くありました。

　現在は、名づけ親を頼む人は少なくなりましたが、頼む場合は、出産前に依頼をしておきます。あらかじめ候補を出したり、使いたい漢字などを決めたりして、赤ちゃんにつけたい名前の希望を伝えおくとよいでしょう。

　お七夜の祝宴には名づけ親を招待します。名づけ親に書いてもらった命名書を披露して、お礼を伝え、好みの品物を内祝いとして贈りましょう。目上の人に現金を贈るのは失礼とされているので注意します。

お祝いの贈り方

　お七夜の会席に招待されるのは、赤ちゃんの祖父母など、限られた親族であることがほとんどです。招かれたら、当日、お祝いを持参するようにしましょう。手土産に花やお酒、お菓子などを渡すのもよいですし、祝い膳の費用程度の現金を贈るのも喜ばれます。

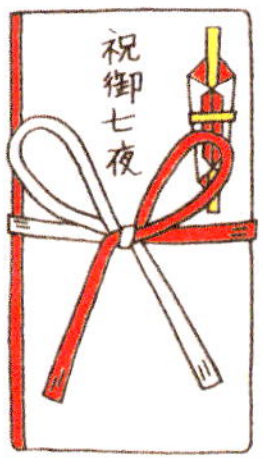

祝儀袋・のし紙
【表書き】
「祝御七夜」「祝命名」
【水引】
紅白ちょう結び
【金額のめやす】
5000～1万円

お祝いのお返し

　お七夜のお祝いのお返しは、基本的には必要ありません。お七夜に招待して、祝い膳を用意することがお返しになります。招待できなかった人には、菓子折りなどを内祝いとして贈ります。品物にはのし紙をかけて、「内祝」と表書きし、赤ちゃんの名前で贈ります。

　また、名づけ親を頼んだ場合は、のし紙に「命名御礼」と表書きし、菓子折りやお酒などを贈ります。

のし紙
【表書き】「内祝」
【水引】紅白ちょう結び
【金額のめやす】もらったお祝いの半額程度

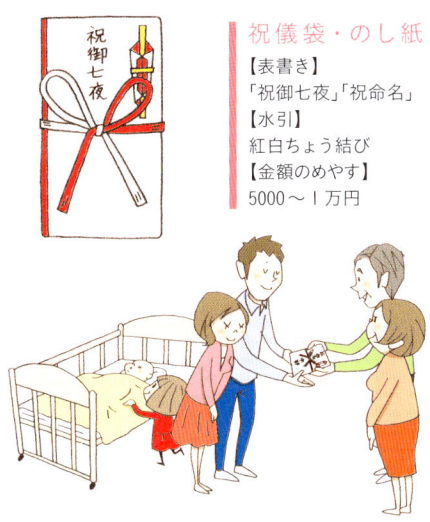

4

お宮参り

【おみやまいり】

生まれた土地の氏神様に赤ちゃんの誕生を報告する

生後
1か月前後

生まれた赤ちゃんを抱いて、はじめて神社にお参りをするのが、「お宮参り」です。地域によって違いがありますが、生後1か月前後に行われるのが一般的です。お宮参りは、両親と父方の祖母がつき添い、父方の祖母が赤ちゃんを抱いて参拝するのがならわしです。男の子には羽二重《はぶたえ》地の紋つき、女の子には縮緬《ちりめん》地に花柄などをあしらった祝い着を着せます。

もともとお宮参りは、生まれた土地の守り神である氏神様《うじがみさま》（産土神様《うぶすながみさま》）に詣でて、赤ちゃんを氏子《うじこ》（氏神様が守る地域に住む住人）として認めてもらうための儀式でした。

最近では、有名な神社でお宮参りをすることも多くなっていますが、住んでいる地域の神社にお参りすることが、本来のお宮参りの趣旨にかなっているといえるでしょう。

華やかな絹織物の祝い着でお参り

お宮参りの祝い着は、一つ《ひと》身《み》と呼ばれる背縫いがない着物で、赤ちゃんをおおうようにかけます。祝い着には、男の子用と女の子用で違いがあり、どちらも絹織物ですが、男の子は羽二重地に鷹や兜《かぶと》などの柄が描かれ、女の子には縮緬地や倫子《りんず》地に花柄などが描かれます。

祝い着は、母方の実家から贈られるのがならわしでしたが、最近では、貸衣装を利用したり、ベビードレスにケープを着せて参拝することも多くなっています。

祝い着は直して七五三の着物に

お宮参りの祝い着は、仕立て直せば、七五三の３歳の男の子のお祝いや、５歳の女の子のお祝いに利用することもできます。

女の子の祝い着

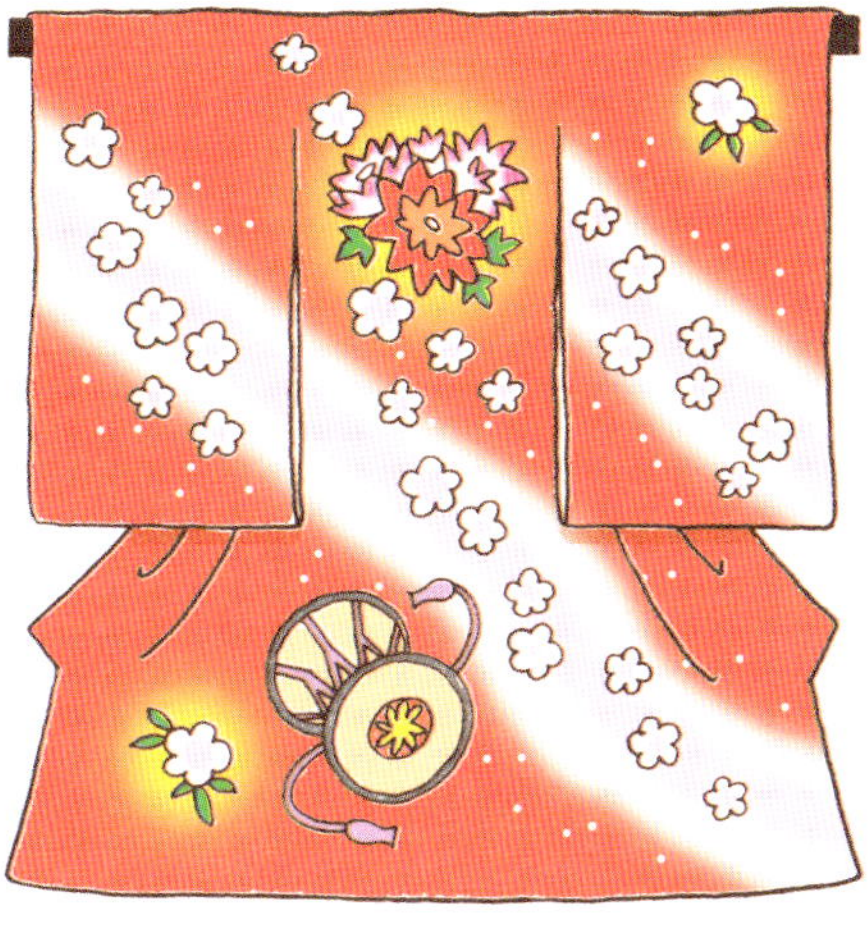

細かいちぢれがある縮緬地や、光沢のある倫子地に、花柄や手まり、小鼓、御所車などの柄がかわいらしく描かれているのが特徴です。家紋は一般的には入れません。

男の子の祝い着

光沢がある羽二重地に、鷹や松、兜、鶴、武者などの柄が豪快に描かれているのが特徴です。また、家紋を５か所（背、左右の外そで、左右の胸）つけます。

祝い着のかけ方と赤ちゃんの内着

赤ちゃんを抱く祖母の服装は、色無地紋つきか、訪問着などが一般的です。お父さんはダークスーツやブラックスーツ、お母さんはスーツやワンピースを着用し、和装なら訪問着を着ます。

赤ちゃんには、白羽二重《しろはぶたえ》地の内着を着せます。その上から祝い着をかけ、祝い着についたひもを、赤ちゃんを抱いた人の背中で結びます。近年は、お宮参りの祝い着のほかにフード（帽子）とスタイ（よだれかけ）がセットになっているものが多いので、赤ちゃんにつけてもよいでしょう。

最近は、白羽二重地ではなく、白いベビードレスを赤ちゃんの内着にすることが多くなっています。

祝い着のかけ方

① お宮参り当日に、白羽二重地の内着や、ベビードレスを赤ちゃんに着せて神社に向かいます。神社の境内についたら、抱っこした赤ちゃんの上から祝い着をかけます。

② 祝い着についたひもを、赤ちゃんを抱っこした人の肩から背中に回して、しっかり結びます。

③ 結んだひもに、縁起物の扇子（末広《すえひろ》）や麻の緒、犬張子、でんでん太鼓、お守りなどを結びつけて下げます。お守りを入れる袋を下げて、そこに神社からもらったお守りを入れる風習がある地域もあります。

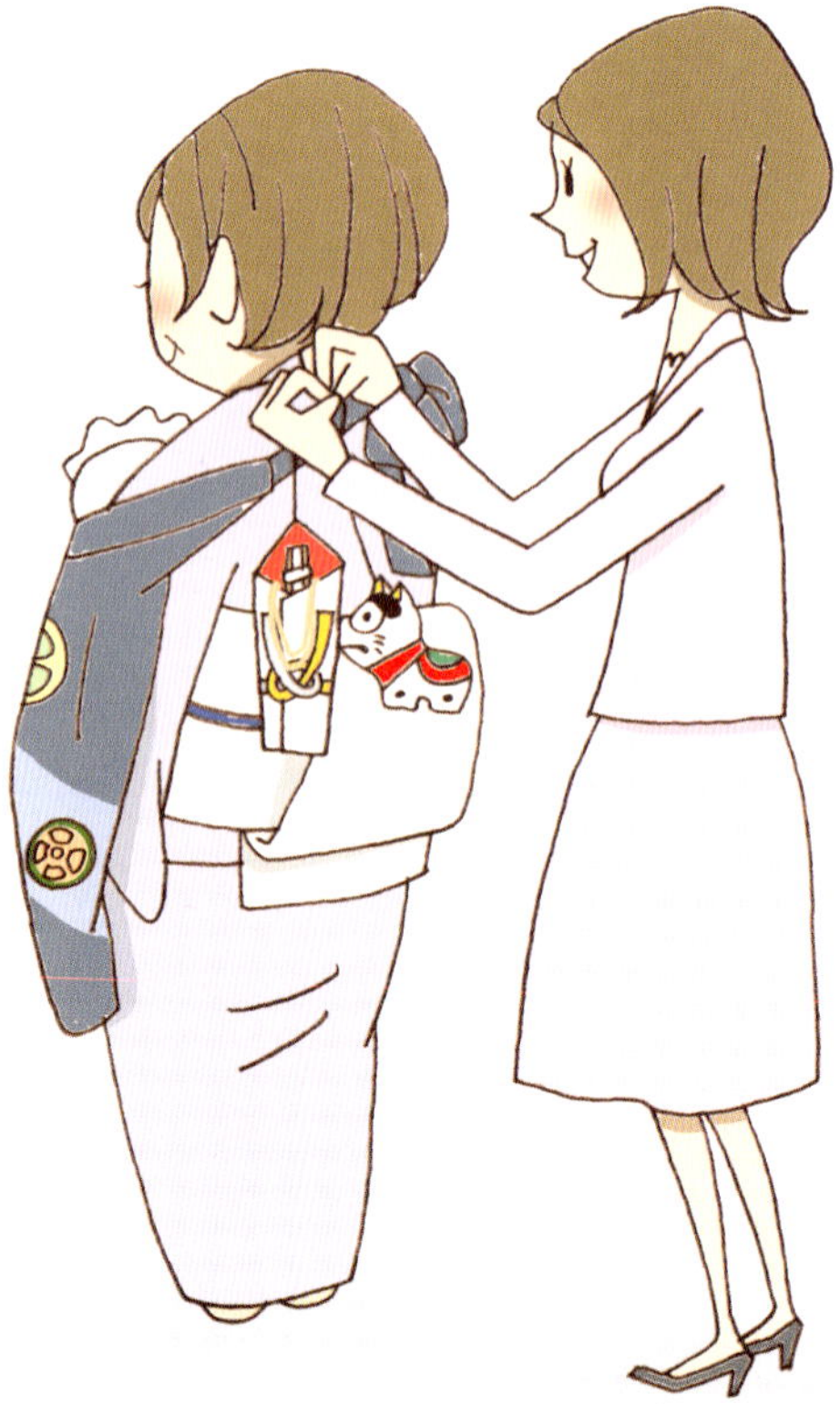

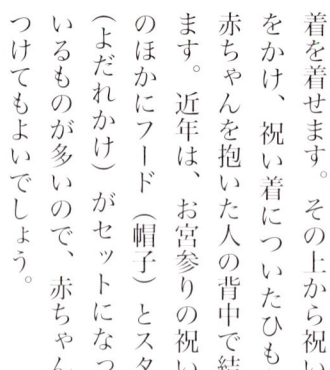

晴れた日に神社に出かけて

お宮参りに行く日は、赤ちゃんやお母さんの体調を最優先して、生後1か月前後の晴天の日に出かけましょう。お賽銭《さいせん》を入れて礼拝するだけですませることが基本ですが、希望すれば神社におはらいや祝詞《のりと》奏上をお願いすることもできます。

赤ちゃんは、父方の祖母が抱いてつき添うのがしきたりですが、父方の実家が遠方の場合は、母方の祖母が抱っこしたり、体調に問題がなければ、お母さん自身が抱っこしても構いません。昔は、お宮参りの時期、お母さんは出産の忌み(産後に慎んですごす時期)が終わっていなかったため、神社に参拝できませんでした。その代わりに、父方の祖母が抱くようになったといわれます。

家族で祝い膳を囲んで楽しく

お宮参りが終わったあとは、親族で祝い膳を囲みましょう。自宅で仕出し料理を頼んでもよいですし、外食をする場合は、神社から移動しやすいお店の、お座敷タイプの個室を予約しておくのがおすすめです。赤ちゃんを含めて、家族全員がゆったりとくつろげるよう、事前にお店の人に、「お宮参りの食事会」であることを伝えておくとよいでしょう。

赤ちゃん用の持ち物を忘れずに

お宮参りは、赤ちゃんにとってはじめての本格的な外出です。おむつセットやミルクセットはもちろん、タオルやハンカチ、着替えなど、必要な持ち物をしっかりチェックして準備しておきましょう。

はじめての記念撮影を

お宮参りの時期には、写真スタジオなどで記念撮影をしましょう。赤ちゃんにとって、はじめての記念写真になるはずです。ただし、赤ちゃんやお母さんの体調を考えて、お宮参り当日は避け、撮影は別の日にしたほうがいいでしょう。

写真スタジオによっては、祝い着や両親の着物などをレンタルできるところもあるので、利用してもよいでしょう。

お宮参りの記念写真は、出産祝いのお礼状に添えて送ると喜ばれます。

お祝いの贈り方

お宮参りは親族のお祝いなので、とくにお祝いを贈る必要はありません。赤ちゃんの祝い着は、母方の実家から贈ることがしきたりですが、レンタルなどをした場合は、現金を贈ってもよいでしょう。その場合、祝儀袋に、「祝御宮参」「御祝」などと表書きします。

現金ではなく、ベビー服やおもちゃ、菓子折りなどを贈っても喜ばれます。

ベビー服を贈る場合は、相手の好みを聞いてから購入しましょう。

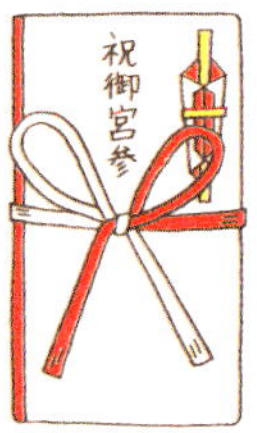

祝儀袋・のし紙

【表書き】
「祝御宮参」「御祝」
【水引】 紅白ちょう結び
【金額のめやす】
5000～1万円

お祝いのお返し

お宮参りのお祝いのお返しは、基本的には必要ありません。会食に招待して、祝い膳を用意することがお返しになります。お返しに内祝いの品を贈る場合は、当日に、赤飯やかつおぶしなどを、会食のあとに渡します。内祝いの品には、紅白ちょう結びの水引が印刷されたのし紙をかけて、「内祝」と表書きし、赤ちゃんの名前を書き入れて贈ります。お宮参りのお返しは、当日に渡すのが原則です。

のし紙

【表書き】「内祝」
【水引】 紅白ちょう結び
【金額のめやす】もらったお祝いの半額程度

5

お食い初め【おくいぞめ】

赤ちゃんがはじめて食べ物を食べる儀式

生後100日目

「お食い初め」は、赤ちゃんにはじめて食べ物を食べさせる儀式です。平安時代に宮中で行われていた「五十日《いか》百日之祝儀《ももかのしゅうぎ》」に由来するといわれ、はじめてはしをつかうことから「箸祝《はしいわ》い」「箸初《はしぞ》め」「箸揃《はしぞろ》え」、はじめて魚を食べることから「真魚《まな》の祝い」、また１００日目に祝うことから「百日の祝い」などと呼ばれることもあります。

お食い初めは、赤ちゃんの乳歯が生えはじめる生後１００日目ごろに行われ、「一生食べ物に困らないように」という願いをこめて、赤飯や尾頭つきの焼き魚などを祝い膳として用意します。そして、祖父母などの親族のうち年長者が赤ちゃんの口にはしで料理を運んで、食べさせるまねをします。

赤ちゃんの歯が石のように硬くなることを願って、祝い膳に小石を添えることもあります。

祝い膳には特別な食器をそろえて

お食い初めの祝い膳のために、うるし塗りのお膳とお椀を用意します。正式には、母方の実家が用意し、お膳やお椀に家紋を入れます。はしは、白木の柳ばしを用います。

祝い膳の献立は、一汁三菜で、赤飯、尾頭つきの焼き魚、香の物、煮物、吸い物が基本です。

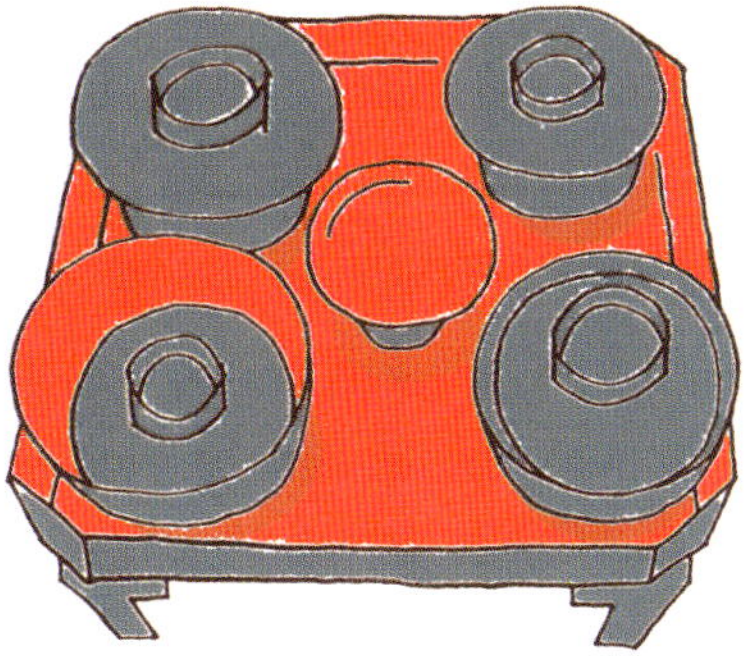

お食い初めに使う食器は、男の子用と女の子用でお膳やお椀の色が違います。女の子用のものは外側が黒塗り、内側が朱塗りです。

お食い初めの祝い膳の例

尾頭つきの魚
「めでたい」の意味をこめて、鯛が一般的ですが、地域によって違う魚を料理することもあります。

煮物
かぼちゃ煮や筑前煮など。旬の素材を利用するとよいでしょう。

赤飯
白いご飯でも構いません。

吸い物
鯛《たい》の身が入ったものや、はまぐりの吸い物が一般的です。

香の物
なます（魚介類や野菜などを刻んで生のまま酢で和えた料理）でも構いません。

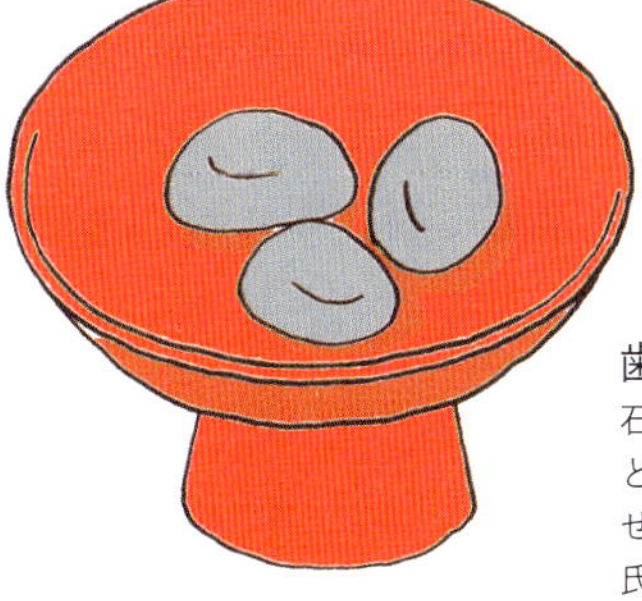

歯がための石
石のようにじょうぶな歯が生えるようにとの願いから、高杯《たかつき》や皿の上に小石をのせ、お膳に並べる地域もあります。小石は、氏神様をまつった神社の境内や川原、海岸から拾ってくるとよいとされます。

梅干しや勝ち栗を添えても

祝い膳には、しわができるまで長生きできることを願って梅干しを添えたり、縁起物の勝ち栗（栗の実を干し、臼でついて殻と渋皮を取り除いたもの）を添える地域もあります。住んでいる地域のならわしを聞いておくとよいでしょう。

食べさせるのは養い親の役目

お食い初めの時期の赤ちゃんのほとんどは、まだ離乳食を食べていません。ですので、祝い膳の料理は、はしで赤ちゃんの口元にもっていき、食べさせるまねだけをします。

食べさせる役目は、長寿にあやかって、祖父母や高齢の親類など、親族のなかで年長の人にお願いします。この役目の人を「養《やしな》い親《おや》」と呼び、男の子は男性に、女の子は女性に、養い親をお願いするのがしきたりです。赤ちゃんの両親だけでお祝いする場合は、どちらが食べさせても構いません。

お食い初めの手順

① 年長の人が養い親となり、赤ちゃんをひざの上に抱っこします。男の子の場合は祖父が、女の子の場合は祖母が養い親となります。

② 赤ちゃんの口にはしで料理を運び、食べさせるまねをします。食べさせる順番は、飯→汁物→飯→魚→飯を３回くり返すのが正式とされていますが、１品だけで済ませることもあります。また「ままのひと粒食《つぶぐ》い」といって、ご飯をひと粒だけ食べさせる地域もあります。

③ 小石を用意した場合は、はしの先で小石に触れて、そのはしをあかちゃんの歯茎にそっと当てます。

赤ちゃんの成長を祝う「色直し式」

お食い初めの日に、それまで白い産着を着ていた赤ちゃんに、色つきの衣服を着せて祝う「色直《いろなお》し式《しき》」を行う地域もあります。色直し式で着る晴れ着は、母方の実家から贈られるのがしきたりで、赤ちゃんの成長ぶりを祝う意味がありました。

お食い初めの日に、赤ちゃんに晴れ着を着せるのはたいへんですので、色つきのベビー服などを着せてあげるとよいでしょう。

お祝いの贈り方

お食い初めは親族のお祝いなので、招待されていなければ、とくにお祝いを贈る必要はありません。祝い膳用の食器は、母方の実家から贈ることがしきたりですが、相手の希望を聞いて、漆器の代わりにベビー用食器セットや離乳食の調理セットなどを贈ってもよいでしょう。

現金を贈る場合は、祝儀袋に「初御膳」「祝御食初」などと表書きします。

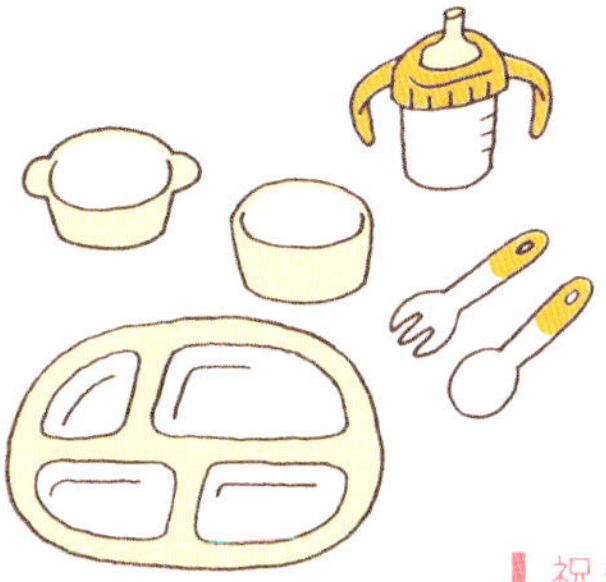

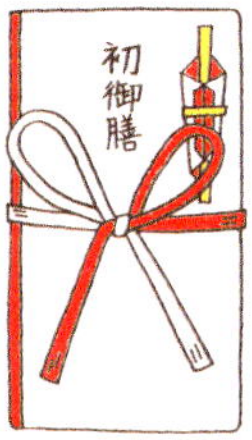

生後5か月をすぎると、離乳食がはじまる赤ちゃんもいるので、離乳食セットはお食い初めの時期に喜ばれる贈り物です。

祝儀袋・のし紙

【表書き】
「初御膳」「祝御食初」
【水引】紅白ちょう結び
【金額のめやす】
5000～1万円

お祝いのお返し

お食い初めの会食には、祖父母など、限られた親族だけを招待するのが一般的です。料理の準備がたいへんなら、仕出し料理を頼んでもよいでしょう。

お祝いのお返しは、基本的には必要ありません。祝い膳を用意することがお返しになります。招待していない親類などからお祝いをもらった場合は、お礼状を添えて、菓子折りなどを内祝いとして贈りましょう。内祝いの品には、のし紙をかけて「内祝」と表書きし、赤ちゃんの名前で贈ります。

のし紙

【表書き】「内祝」
【水引】紅白ちょう結び
【金額のめやす】もらったお祝いの半額程度

6

初正月【はっしょうがつ】

赤ちゃんが生まれてはじめて迎えるお正月

生後
はじめての
お正月

赤ちゃんが生まれてはじめて迎えるお正月が、「初正月」です。

昔は、生まれたときを1歳とし、以降、元日を迎えるごとにひとつ歳をとる「数え年」で年齢を数えていました。このため、初正月は赤ちゃんが生まれてはじめて年を重ね、数え年で2歳になる日であり、お祝いが行われました。

現在は、数え年よりも満年齢で赤ちゃんの誕生日をお祝いするようになりましたが、初正月では、赤ちゃんを邪気から守るために、男の子には破魔矢《はまや》（破魔《はま》弓《ゆみ》）を、女の子には羽子板《はごいた》を贈ってお祝いをするならわしが残っています。

破魔矢や羽子板は、正月事始《しょうがつことはじ》めにあたる12月13日をすぎてから飾りはじめ、小正月の1月15日に片づけるのが一般的です。床の間などの目立つ場所に飾って赤ちゃんの無病息災を願い、よいお正月をすごしましょう。

破魔矢を飾る男の子の初正月

男の子の初正月は、破魔矢（破魔弓）を飾ってお祝いをするのがならわしです。破魔矢の起源は鎌倉時代といわれ、武家の家では、男の子が生まれると破魔矢を飾って邪気を追いはらい、すこやかな成長を祈ったといいます。子どものお守りとして、初正月の期間だけでなく、1年中飾っておく地域もあります。

また、初正月では、学問の神様として親しまれている天神人形を飾ったり、凧あげをしてお祝いをしたりする地域もあります。

男の子の初正月の飾り

天神人形

天神人形は、天神様（菅原道真《すがわらのみちざね》）をかたどった人形です。江戸時代に、正月や桃の節句、端午の節句などに、子どもの成長や学問成就を願って天神人形を飾る風習がはじまったといわれます。

破魔矢（破魔弓）

初正月に飾る破魔矢は、弓、矢、空穂《うつぼ》（矢を入れる用具）を組み合わせて飾ります。また、初詣の神社で配られる破魔矢のように、矢のみを飾る場合もあります。破魔矢は正月の縁起物で、魔を破って幸運を射止める霊力があるとされます。

羽子板を飾る女の子の初正月

女の子の初正月は、羽子板を飾ってお祝いをするのがならわしです。羽根つきは、江戸時代から女の子の遊びとして親しまれ、「邪気をはね（羽根）のける」という意味に通じることから、女の子の初正月のお祝いとして贈られていました。また、羽根つきで使う羽根がついた黒い玉は無患子《むくろじ》と呼ばれる木の実で、「子どもが患わ無い」という意味になることから、羽子板や羽根が無病息災のお守りになったといいます。

羽子板を飾る時期は、12月13日から1月15日までが一般的ですが、1年中飾る地域もあるようです。

羽子板のほかには、手まりを飾ってもよいでしょう。

女の子の初正月の飾り

手まり

手まりは、まるめた綿を芯にして、表面に色糸で美しい模様をほどこしたまりのことです。江戸時代から、正月に女の子が手まりをついて遊んでいたといわれます。

羽子板の羽根は、無患子の実に鳥の羽根をつけてつくります。羽根の数は、３枚、５枚、７枚などがあります。

押絵羽子板

羽子板に布を張り、綿を入れて立体的な絵柄にしたものを押絵《おしえ》羽子板《はごいた》といいます。初正月に飾るのは、着物姿の美人を絵柄にした押絵羽子板が一般的です。

赤ちゃんと一緒に行く初詣

初正月を迎えた赤ちゃんと、新しい1年の無事を願って、一緒に初詣に出かけましょう。初詣客で大混雑する神社やお寺に、赤ちゃんを連れていくのは危険なので避けましょう。氏神様をまつった近所の神社に、1月3日をすぎてから参拝するのがおすすめです。

また、寒い時期なので、赤ちゃんの体を冷やさないよう、暖かい服を着せてあげてください。

お祝いの贈り方

初正月用の破魔矢や羽子板は、祖父母などの親族から贈るのが一般的です。贈る場合は、長男や長女だけでなく、次男や次女が生まれたら、同じように贈りましょう。

また、祖父母であれば、正月料理を用意すると喜ばれます。お母さんは赤ちゃんにかかりっきりで、正月料理を準備する余裕がないものです。おせち料理を届けてあげたり、自宅に招いてごちそうしたりして、一緒に初正月を祝いましょう。

お祝いのお返し

お返しは、基本的には必要ありませんが、すぐに電話などでお礼を伝えて、お礼状を出すのがマナーです。感謝の気持ちを伝えるために、内祝いとして、菓子折りなどを贈ってもよいでしょう。表書きは「内祝」として、赤ちゃんの名前で贈ります。

お正月のしきたりは、地域によって違うことがあるので、親族の間でよく話し合っておくことも大切です。

のし紙

【表書き】「内祝」
【水引】紅白ちょう結び
【金額のめやす】もらったお祝いの半額程度

7

初節句

【はつぜっく】

はじめて迎える桃の節句と端午の節句

生後
はじめての
節句

生まれてはじめて迎える節句《せっく》を、「初節句」といいます。

女の子のお祝いは、3月3日の桃の節句（上巳《じょうし》の節句）で、雛人形《ひなにんぎょう》を飾ります。男の子のお祝いは、5月5日の「端午《たんご》の節句」で、鎧兜《よろいかぶと》や鯉のぼりなどを飾ります。節句（節日《せちにち》）とは、季節の節目に設けられた日のことで、祝祭を行う日とされてきました。

節句の飾りは、3週間ほど前から飾って、赤ちゃんの成長を祈願しましょう。節句が終わったら、飾りは早めにかたづけます。雛人形や鎧兜は、赤ちゃんたちの身代わりになって、災厄を引き受けるとされているので、毎年飾るようにしましょう。節句は、赤ちゃんたちの魔除《まよ》けの行事でもあるのです。

初節句には、祖父母などを招いて、お祝いの席を設け、赤ちゃんを囲んで楽しいひとときをすごしましょう。

初節句には祖父母を招待

初節句の日には、祖父母などを招待し、祝い膳を囲んでお祝いをしましょう。桃の節句では、ちらしずしやはまぐりの潮汁《うしおじる》などを、端午の節句では柏餅やちまきなどを食べるのがならわしです。

昔は、親類縁者を招いて、盛大なお祝いをすることが多かったようですが、現在は、親しい親族だけと祝うことが一般的です。

初節句を延期してもＯＫ

２月生まれの女の子や、４月生まれの男の子などは、誕生から初節句まで１か月ほどしかなく、お宮参りの前後に初節句を迎えることになります。こうした場合、初節句を翌年に見送っても構いません。

桃の節句は、一般的に「雛祭《ひなまつ》り」と呼ばれます。雛人形を飾り、ちらしずしやはまぐりの潮汁を食べてお祝いします。

雛人形の起源は平安時代

雛祭りは、平安時代の貴族の女の子たちの人形遊びである「雛遊《ひいなあそ》び」と、自分の災厄を人形に移して川に流す「雛流《ひななが》し」の風習が結びついたものが起源とされます。3月3日の「上巳の節句」に、人形を贈る風習がみられるようになるのは室町時代で、江戸時代には、この日に現在のような雛人形を飾って、女の子のお祝いをするようになりました。

上巳の節句が「桃の節句」と呼ばれるようになったのは、旧暦の3月3日が、桃の花の咲く時期であることに由来するといわれます。

雛人形には、七段飾《しちだんかざ》りから親王《しんのう》飾《かざ》りまで、さまざまなタイプがあります。購入前に、どこに飾るかをよく検討して、飾る場所のスペースを測ってから、お店に行くようにしましょう。

親王飾り

親王飾りでは、男女一対の内裏雛《だいりびな》を、向かって右側に女雛、左に男雛の形で飾ります。また、左右両側にぼんぼり、中央に瓶子を置き、右端に左近の桜、左端に右近の橘を飾ります。狭いスペースでも飾ることができます。

飾る時期とかたづける時期

雛人形は、１か月以上前の２月初旬から飾ってもよいとされています。桃の節句の前日に飾る「一夜飾《いちやかざ》り」は、縁起がよくないといわれます。かたづける時期は、３日４日が理想的。遅くまで飾っていると嫁入りが遅れると伝えられています。なるべく早くかたづけましょう。

七段飾り

1段目　内裏雛

向かって右側が女雛、左側が男雛です。左右にぼんぼり、中央に瓶子を置きます。

2段目　三人官女《さんにんかんじょ》

向かって左から銚子《ちょうし》、三方《さんぼう》、長柄《ながえ》の順になります。官女の間には高杯《たかつき》を置きます。

3段目

五人囃子《ごにんばやし》

向かって左から、太鼓《たいこ》、大鼓《おおづつみ》、小鼓《こづつみ》、笛《ふえ》、謡《うたい》の順に飾ります。

4段目　随身《ずいしん》

向かって左に右大臣、右側に左大臣を飾ります。左大臣は老人で、右大臣は若者です。段の中央には菱《ひし》餅《もち》を飾ります。

5段目　仕丁《しちょう》

向かって左から台笠《だいがさ》、沓台《くつだい》、立傘《たてがさ》を飾り、左端に右近の橘、右端に左近の桜を置きます。

6段目　雛道具

長持、鏡台、針箱、茶道具、箪笥《たんす》などを飾ります。

7段目　雛道具

駕籠《かご》、重箱、御所車など飾ります。

伝統的な七段飾りは段の上に15人を飾ります。「内裏雛」は天皇と皇后、「官女」は宮廷に使える女官、「随身」は大臣、「仕丁」は御所の雑用係のことで、「五人囃子」は、能楽を奏でたり謡ったりする5人の奏者を意味します。

節句ならではのちらしずしや潮汁

桃の節句は、当日か前日の晩の「宵節句《よいぜっく》」に家族や親族を招いて、飾った雛人形を鑑賞しながら、祝い膳を食べるのがならわしです。

祝い膳には、ちらしずしやはまぐりの潮汁《うしおじる》などを用意するのが基本です。雛人形へのお供え物である白酒や雛あられ、菱餅なども一緒に食べましょう。

また、桃の花には、邪気をはらう霊力があると信じられてきました。祝い膳の席に、桃の花を飾ってもよいでしょう。

桃の節句の料理とお供え物

雛あられ

雛人形に、菱餅などと一緒に供える菓子です。関東では、もち米を蒸してから炒ってつくる「ポン菓子」が、関西では、塩やしょうゆで味つけした「あられ」が一般的です。

ちらしずし

ちらしずしは、桃の節句の定番料理です。甘辛く煮た干ししいたけやにんじん、れんこんなどを酢飯に混ぜて、錦糸卵やえび、三つ葉などを、色鮮やかにちらしましょう。

白酒《しろざけ》

雛人形にお供えするお酒です。古来、桃の花には邪気をはらう霊力があるとされ、酒に桃の花をひたした「桃花酒」を飲む習慣がありました。江戸時代に、桃の節句に桃花酒に代わって白酒を飲むようになったそうです。

はまぐりの潮汁

はまぐりは対になっている貝がらでないと、ぴったりと合わないことから、夫婦円満の象徴とされてきました。女の子の将来の幸せな結婚を願いましょう。

次女や3女には市松人形などを

　雛人形は、本来は女の子ひとりひとりのために用意するものです。長女に買った雛人形で次女や3女も一緒に祝うことは望ましくありません。雛人形を長女に買ったなら、次女、3女にも雛人形を買ってあげたいものですが、飾るスペースなどがなければ、市松人形などを買ってもよいでしょう。

市松人形

市松人形は、江戸時代中期に佐野川市松《さのがわいちまつ》という上方の歌舞伎人気役者を模してつくられた人形がはじまりといわれます。市松人形には男女があり、男の子は羽織姿、女の子は振袖姿が代表的です。

お祝いの贈り方

　赤ちゃんの祖父母であれば、雛人形を贈ったり、それらを購入する現金を贈ったりするとよいでしょう。親類ならば、ケース入りの市松人形などを贈るのが一般的です。これらは、飾ったり収納したりするのにスペースをとるものなので、相手の希望を聞いてから贈るようにしましょう。また、品物を贈る場合は、初節句の1か月前までに贈るようにしましょう。

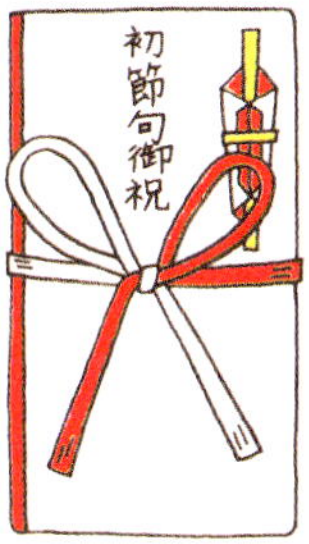

祝儀袋・のし紙

【表書き】
「初節句御祝」
「御初雛御祝」
【水引】 紅白ちょう結び
【金額のめやす】
1～2万円（親族）
5000～1万円（友人）

友人からお祝いをする場合は、記念になるようなおもちゃを贈ると喜ばれます。

お祝いのお返し

　桃の節句のお祝いのお返しは、基本的には必要ありませんが、すぐに電話でお礼を伝え、お礼状を出すようにします。お祝いの席に招待した場合は、祝い膳を用意することがお返しになります。

　遠方で招待できなかった人などに、内祝いを贈る場合は、タオルセットや紅白まんじゅう、かつおぶしなどがよいでしょう。品物にはのし紙をかけて、「内祝」と表書きし、赤ちゃんの名前で贈ります。

のし紙

【表書き】「内祝」
【水引】 紅白ちょう結び
【金額のめやす】もらったお祝いの半額程度

鎧兜や鯉のぼりは江戸時代から

端午の節句は、もともとは古代中国の風習で、薬草である菖蒲《しょうぶ》やよもぎで門を飾ったり、菖蒲酒を飲んだりして、病気や邪気をはらっていました。この風習が、古代の日本に伝えられたのが、端午の節句の起源といわれます。

その後、江戸時代に、武家社会において、「菖蒲」が「尚武《しょうぶ》（武道を尊ぶこと）」に通じることなどから、端午の節句に鎧兜や武者人形を飾り、家紋入りののぼり（旗）を立てて、後継ぎである男の子のすこやかな成長を願う風習がはじまりました。これがやがて、庶民の間に広まるなかで、鯉のぼりが生まれ、現在の端午の節句の祝い方になっていきました。

内飾り

兜平飾り

飾り台の上に屏風を置き、兜だけを飾るのが兜平飾りです。鎧だけを飾る「鎧平飾り」もあります。兜や鎧の両脇に弓矢や太刀を飾る場合もあります。鎧兜の段飾りよりもスペースを取らないので、近年人気を集めています。

外飾り

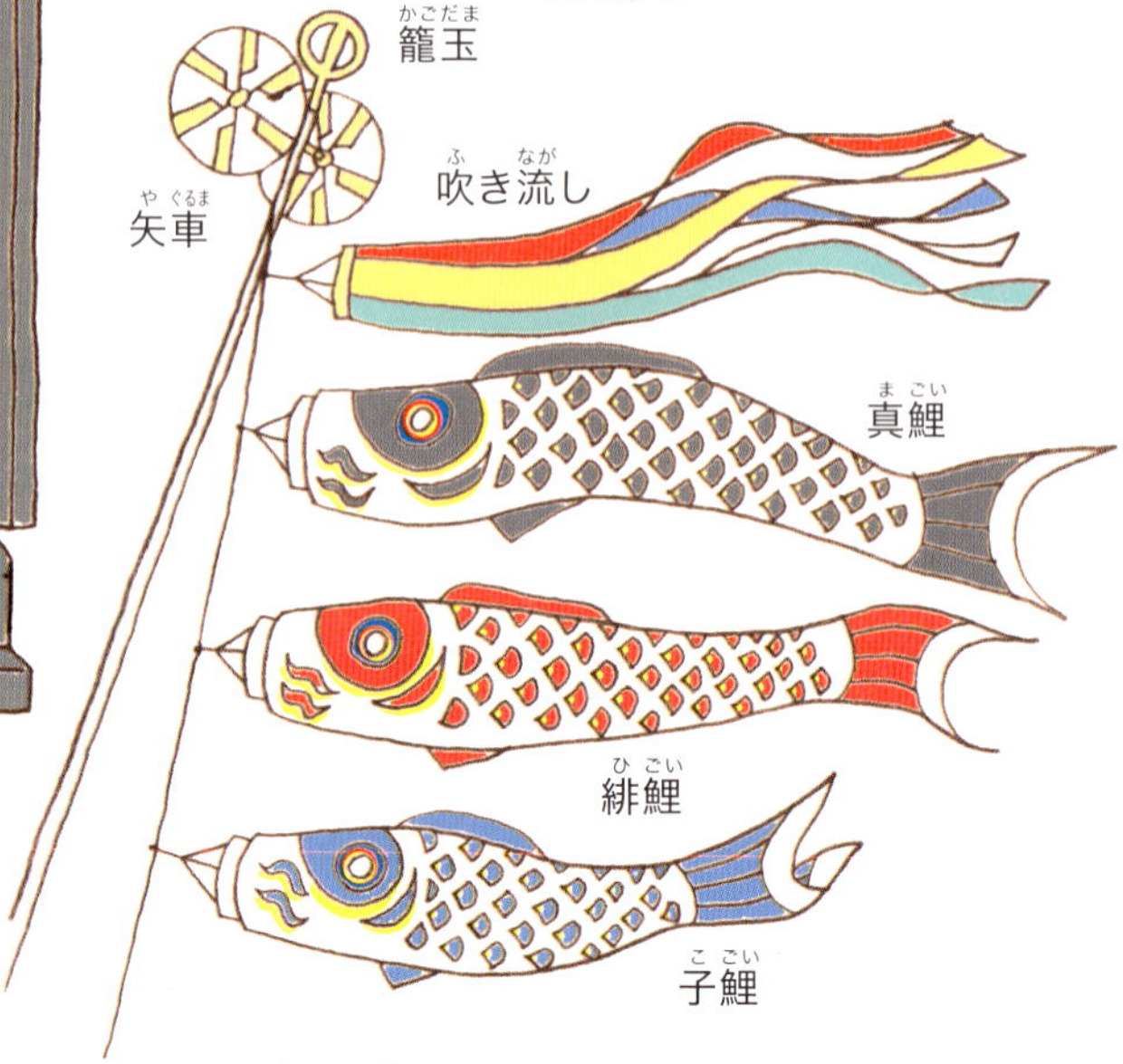

鯉のぼり

中国には「鯉は滝をのぼって龍になる」という故事があり、このため鯉は、立身出世の象徴とされています。飾る順番は、上から籠玉、矢車、吹き流し、真鯉、緋鯉、子鯉です。子鯉は、男の子の人数分だけ増やす地域もあります。

内飾り

鎧兜段飾り

鎧兜は３段飾りが基本です。１段目には屏風を立てて、鎧兜を置き、その左右に太刀や弓矢など飾ります。２段目には陣太鼓（戦場で打ち鳴らす太鼓）や軍扇、陣笠（武士が使った笠）などを置き、３段目には菖蒲や柏餅、ちまきなどを供えるほか、かがり火や、小型の鯉のぼりなどを飾る場合もあります。

飾る時期とかたづける時期

彼岸をすぎたら鎧兜を飾ってもよいとされています。鯉のぼりを飾るのは４月中旬以降が一般的。かたづける時期は、５月中旬くらいまで。乾燥した晴天の日がよいでしょう。

邪気をはらう菖蒲湯や柏餅

端午の節句では、鎧兜や鯉のぼりを飾るほかに、柏餅やちまきを食べたり、菖蒲《しょうぶ》湯に入ったりするならわしがあります。

旧暦5月（新暦では6月ごろ）の初旬は、ちょうど梅雨の時期で、かびが生えやすく、病気などになりやすい季節でした。江戸時代以降、この雨の時期に、菖蒲湯に入ったり、柏餅やちまきを食べたりして、邪気をはらう風習が農村に定着し、やがて端午の節句の祝い方になりました。

端午の節句は「こどもの日」

端午の節句の5月5日は、「こどもの日」として、国民の祝日に制定されています。こどもの日は、「こどもの人格を重んじ、こどもの幸福をはかるとともに、母に感謝する」日とされているので、この日は男の子だけでなく、女の子やお母さんも一緒に祝って、楽しみましょう。

端午の節句のならわし

柏餅

あずきあんの入った餅で、柏の葉でくるんであります。柏の葉は、新芽が出るまで古い葉が落ちません。柏の葉のように家系が途絶えないことを願って、端午の節句に柏餅を食べる習慣がはじまったといわれます。

菖蒲湯

菖蒲をお風呂に入れて、湯をわかします。菖蒲には魔《ま》除《よ》けの力があるとされ、端午の節句の時期に、軒先に飾ったり、菖蒲湯に入ったりするようになりました。

ちまき

もち米を笹の葉で包んで、いぐさでしばり、蒸したりゆでたりしたもの。中国から伝わり、古くは茅《ちがや》の葉で包んだために「茅《ち》巻《ま》き」と呼ばれていたため「ちまき」という名がついたといわれます。中国では、邪気をはらう食べ物とされ、日本では端午の節句で食べられるものになりました。

次男や3男にも それぞれお祝いを

鎧兜や鯉のぼりは男の子ひとりひとりのためにそろえるものなので、次男や3男は長男のお下がりで祝うといったことは避けた方がよいでしょう。たとえば長男に鎧兜を買ったなら、次男には鯉のぼり、3男には武者人形《むしゃにんぎょう》をというように、それぞれに買ってお祝いをしてあげましょう。

武者人形

武者人形は、端午の節句に飾る武者姿の人形のことで、五月人形《ごがつにんぎょう》とも呼ばれます。金太郎や桃太郎、弁慶、牛若丸などを人形化したものが多く見られます。

お祝いの贈り方

赤ちゃんの祖父母であれば、鎧兜や鯉のぼり、それらを購入する現金を贈るとよいでしょう。親類ならば、ケース入りの武者人形などを贈ることが多いようです。あまり高価な品物は、相手に気をつかわせることもあるので、希望を聞いてから贈るようにしましょう。

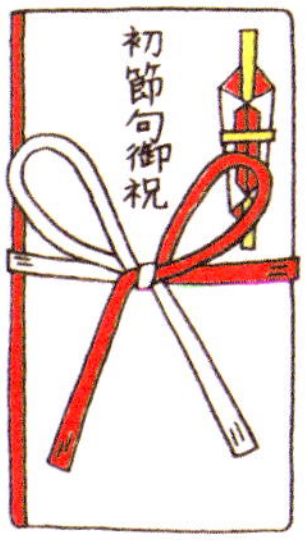

祝儀袋・のし紙

【表書き】
「初節句御祝」
「御初幟御祝」
【水引】紅白ちょう結び
【金額のめやす】
1～2万円(親族)
5000～1万円(友人)

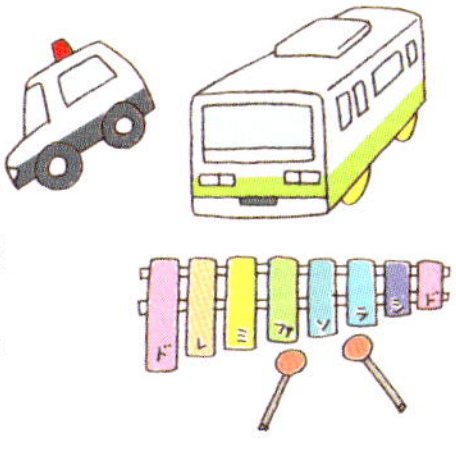

友人なら、男の子が好きな電車や自動車などの乗り物や、楽器などのおもちゃを贈っても喜ばれるでしょう。

お祝いのお返し

端午の節句のお祝いのお返しは、基本的には必要ありません。もらったら、すぐに電話でお礼を伝え、お礼状を出しましょう。お祝いの席に招待した場合は、祝い膳を用意することがお返しになります。

遠方で招待できなかった人に内祝いを贈る場合は、縁起物といわれる紅白の砂糖や紅白まんじゅうなどがよいでしょう。お礼状には、お祝いの席での写真などを添えると喜ばれるでしょう。

のし紙

【表書き】「内祝」
【水引】紅白ちょう結び
【金額のめやす】もらったお祝いの半額程度

8

初誕生【はつたんじょう】

満1歳を祝う、生まれてはじめての誕生日

生後1年目

赤ちゃんが生まれてはじめて迎える誕生日に行うお祝いを「初誕生」といいます。

昔は、正月を迎えるごとに、みんなで年をとる「数え年」が一般的で、誕生日を祝う習慣はありませんでしたが、初誕生だけは特別に行われていました。医学が発達していなかった時代には、赤ちゃんがすこやかに育って、満1歳を迎えられることが両親や親族にとって格別の喜びだったのです。

初誕生では、一升餅《いっしょうもち》（誕生餅《たんじょうもち》）と呼ばれる大きな餅を赤ちゃんに背負わせたり、餅の上に立たせて踏ませたりするのがしきたりです。一升餅を背負わせた赤ちゃんをわざと転ばせる地域もあります。これらは、立ち歩きをはじめた赤ちゃんに、清らかで強い生命力が与えられることを願って行われた特別なお祝いでした。

赤ちゃんの幸せな将来を願う祝い餅

初誕生では、日本各地で「祝《いわ》い餅《もち》」という儀式が行われてきました。祝い餅では、「一生食べ物に困らないように」という願いをこめて、一升のもち米で大きな餅をつきます。この餅は一升餅、誕生餅などと呼ばれます。

一升餅は、赤ちゃんに背負わせますが、このとき、わざと突き飛ばして転ばせる地域があります。これは、転ばせることで古い魂を体から抜き出して、餅に象徴される清らかで新しい魂を赤ちゃんの体内に与えるという意味があるのです。

このほか地域によっては、初誕生の日に、そろばんや筆などを用意して、赤ちゃんに選び取らせて、将来の職業を占う「選《えら》び取《と》り」といった儀式も行われます。

選び取り

男の子の場合、財布、筆、そろばん、米などを赤ちゃんの前に置いて、最初に手に取った物で将来の職業を占います。女の子の場合は、糸や針、ものさしなどを用意して並べます。

祝い餅

初誕生を迎えた赤ちゃんに、一升餅を背負わせて歩かせる儀式です。一升餅をふろしきなどに包み、赤ちゃんに背負わせます。まだ歩けない赤ちゃんは、両親が手助けをして歩かせてあげましょう。また、将来の困難を乗り越えられるようにと願って、一升餅の上に赤ちゃんを立たせて、餅を踏ませる地域もあります。

はじめての誕生日パーティー

昔の初誕生は、親類縁者を招いて盛大にお祝いをしましたが、現在は、祖父母や親しい友人などを招いて、誕生日パーティーを開くことが一般的です。バースデーケーキを用意したら、ろうそくを1本立てて、1歳の誕生日をお祝いしましょう。

ヨーグルトなどを使って、赤ちゃんでも食べられる手づくりケーキを用意する家庭も多いようです。離乳食も用意してあげるとよいでしょう。

パーティーは早めに切り上げて

1歳の赤ちゃんは、まだまだ疲れやすいものです。初誕生のパーティーは、昼間に開いて、早めに切り上げるようにしましょう。

満1歳の記念品

初誕生では、ビデオや写真などを撮って、1歳のときの赤ちゃんの姿を記念に残しましょう。

写真スタジオで記念撮影をする家庭も増えています。生まれてからの1年を振り返って、アルバムを整理するのもよいでしょう。赤ちゃんの成長ぶりに、きっと驚くはずです。

色紙などに赤ちゃんの手形や足形を押して、成長の記録に残しておくのもおすすめです。

お祝いの贈り方

初誕生のお祝い品には、アルバムやフォトスタンドなどの、記念に残る品が喜ばれます。また、おもちゃや絵本など、赤ちゃんの喜びそうな物を贈ってもよいでしょう。1歳ごろは、歩きはじめる時期なので、ベビーシューズを贈るのもおすすめです。

現金を贈る場合は、祝儀袋に「初誕生祝」「祝初誕生」などと表書きします。

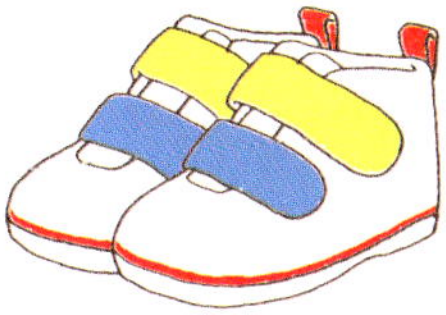

ベビーシューズを贈る場合は、サイズや好みのデザインなどを相手に聞いて確かめておきましょう。

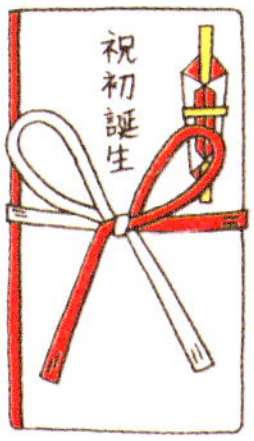

祝儀袋・のし紙

【表書き】
「祝初誕生」「初誕生祝」
【水引】紅白ちょう結び
【金額のめやす】
1万円(親族)
5000円(友人)

お祝いのお返し

初誕生のお祝いのお返しは、基本的には必要ありません。お祝いのパーティーに招待することがお返しになりますが、内祝いとして菓子折りなどを用意して、帰り際に渡してもよいでしょう。内祝いの品には、のし紙をかけて、「内祝」と表書きして、子どもの名前を書き入れます。

招待できなかった人には、ていねいなお礼状を出しましょう。初誕生での赤ちゃんの写真などを添えると喜ばれます。

のし紙

【表書き】「内祝」
【水引】紅白ちょう結び
【金額のめやす】もらったお祝いの半額程度

9

七五三【しちごさん】

3歳、5歳、7歳という子どもの成長の節目を祝う

3歳（女の子）

5歳（男の子）

7歳（女の子）

「七五三」は、赤ちゃんから子どもに成長していく節目にあたる年に、晴れ着を着せて、氏神様をまつる神社に詣でる行事です。子どものこれまでの無事を感謝し、今後のすこやかな成長を祈ります。七五三は、古くから宮廷や武家社会などで行われていた3歳の「髪置《かみお》き」、5歳の「袴着《はかまぎ》」、7歳の「帯《おび》解《と》き」という3つの行事が、明治時代以降に合わさってできたお祝いです。昔の子どもは、7歳までは神様の子どものようなものと考えられていて、7歳のお祝いを境に、ひとりの人間として認められたのです。

　七五三は本来、数え年で祝うものでしたが、近年は満年齢で祝うことが主流です。男の子は5歳、女の子は3歳と7歳で祝うことが一般的です。11月15日か、その前後の土日に神社へ参拝することが多くなっています。

女の子の3歳のお祝い

3歳の女の子お祝いは、「髪置き」の儀式がもとになっています。髪置きは、それまでに剃っていた髪の毛を伸ばしはじめる儀式で、3歳の男女に行われていました。鎌倉時代の記録にも髪置きの儀式が記録されているそうです。

現在の3歳のお祝いでの装いは、色鮮やかな晴れ着を着て、兵《へ》児《こ》帯《おび》をしめて、その上から被《ひ》布《ふ》と呼ばれる袖なしの上着をはおります。かわいらしく着飾らせてあげましょう。

できるだけ軽い仕立てで

3歳の女の子にとって、着物は重くて動きづらく、体に負担がかかるものです。できるだけ軽い仕立ての衣装を選んで、お参りも早めに切り上げましょう。

3歳のお祝いの装い

髪飾り
かんざしやリボンなどで、かわいらしく髪を飾りましょう。

被布
着物の上にはおる上着で、房のついた飾りひもでとめます。被布は、基本は赤一色ですが、近年はピンクや、花柄入りのものも人気です。

着物
鮮やかな色の着物（振袖）です。お宮参りの祝い着を仕立て直して着ることもあります。

ぽっくり
女の子用の、高さのある楕円形の下駄です。3歳の子にとって歩くのが難しいはき物なので、記念撮影のときだけはかせるようにして、そのほかのときは靴をはかせましょう。

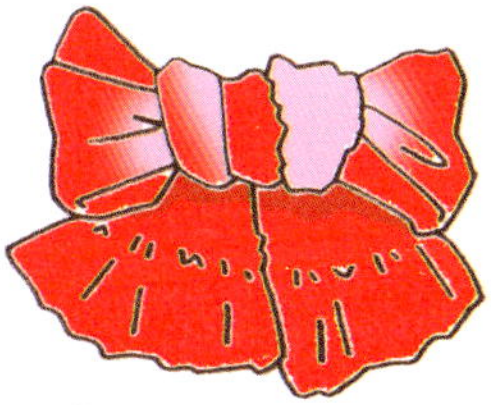

兵児帯
幅広のやわらかい帯です。軽いので子どもに負担がかかりません。

男の子の5歳のお祝い

5歳の男の子のお祝いは、「袴着」の儀式がもとになっています。袴着は、5歳の男の子を碁盤の上に立たせて、はじめて袴をはかせる儀式で、平安時代から行われていたことが記録に残っています。もともとは男女ともに行われていましたが、江戸時代に武家の男の子のお祝いとして定着しました。

現在の5歳のお祝いでは、着物の上に、紋付羽織袴を着用するのが基本で、白足袋に雪駄をはき、白い扇子や懐剣《かいけん》などを身につけます。

留め具のない足袋を

金属の留め具を使わずに、足首をゴムでとめるタイプの子ども用の白足袋があります。脱ぎはきがしやすいので、たいへん便利です。

5歳のお祝いの装い

着物
着物は、熨斗目《のしめ》模様（袖の下部と腰のあたりの横一文字につけられた幅広の模様）、あるいは色無地で、紋付の羽二重《はぶたえ》という絹織物が正装です。

扇子
白の扇子をもちます。扇子は「末広がり」の意味がある縁起物です。

懐剣
懐剣とは、小さな守り刀のことですが、七五三で使う懐剣は本物ではありません。刀を納める袋のひもには、房がついています。

羽織
羽織の生地や色は着物に合わせます。鷹や武者など、男の子らしい勇壮な柄の羽織もあります。羽織のひもは白が基本です。

袴
袴は黒・紺・茶の無地か、縞《しま》柄の仙台《せんだい》平《ひら》などを羽織に合わせて選びます。

白足袋・雪駄
足袋は白が正式です。雪駄は、底に皮をはった草履です。

女の子の7歳のお祝い

7歳の女の子のお祝いは、はじめて帯を結ぶ「帯解き」の儀式がもとになっています。昔は、7歳前の女の子は着物を着るとき、着物についているひもを結んでいました。このひもを外して本式の帯を締める儀式が帯解きです。帯解きは、「ひも落《お》とし」「帯直《おびなお》し」などとも呼ばれました。

現在の7歳のお祝いでは、本裁ちの振袖を、肩揚げ、腰揚げして着るのが基本です。筥迫《はこせこ》（小物入れ）を懐に入れて、帯は丸帯や袋帯を締めます。

つくり帯で簡単に着つけを

最初から形ができあがっているつくり帯を利用すると、難しい帯結びが不要なので、着つけも簡単にできます。

7歳のお祝いの装い

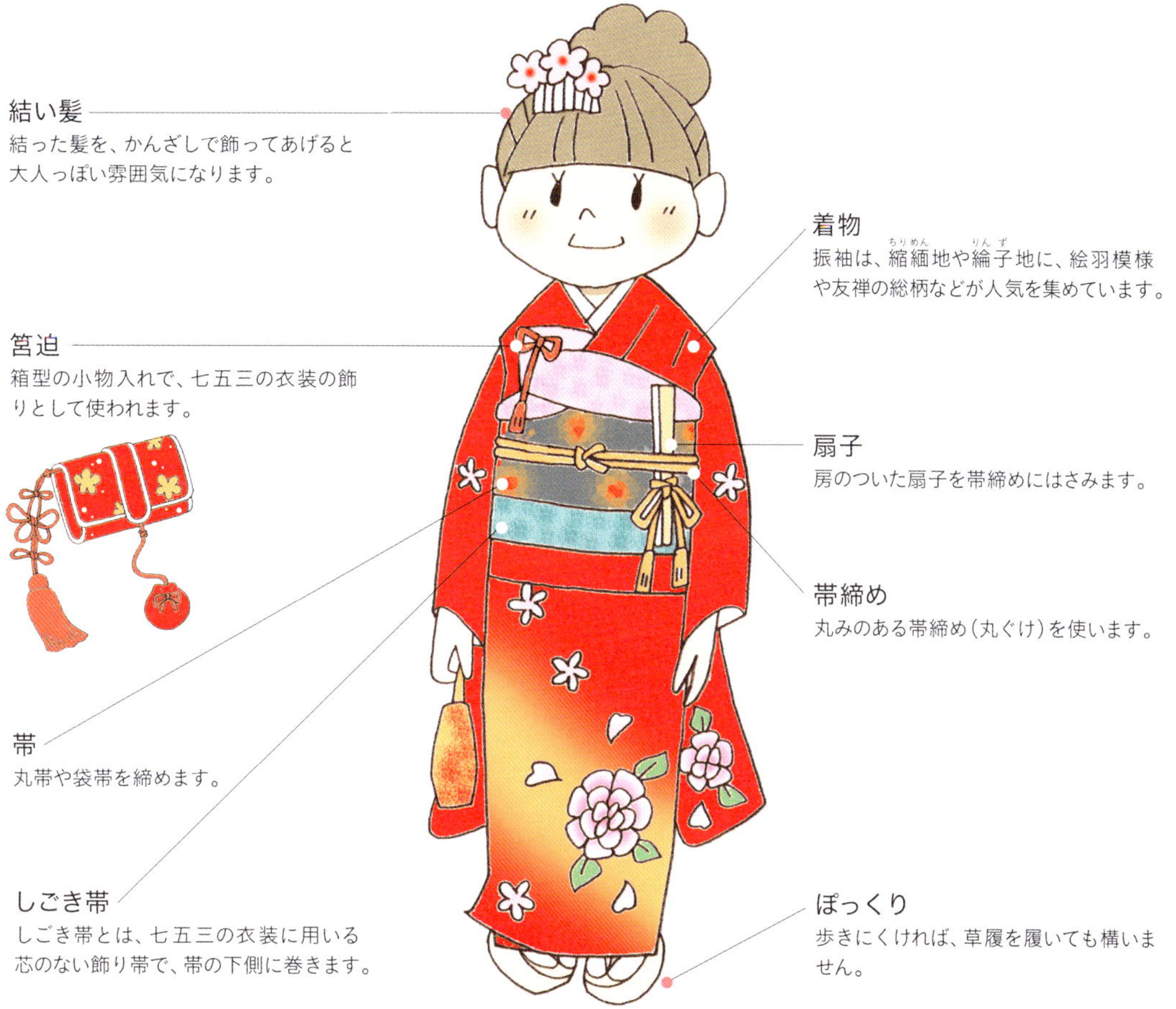

結い髪
結った髪を、かんざしで飾ってあげると大人っぽい雰囲気になります。
着物
振袖は、縮緬《ちりめん》地や綸子《りんず》地に、絵羽模様や友禅の総柄などが人気を集めています。
筥迫
箱型の小物入れで、七五三の衣装の飾りとして使われます。
扇子
房のついた扇子を帯締めにはさみます。
帯締め
丸みのある帯締め（丸ぐけ）を使います。
帯
丸帯や袋帯を締めます。
しごき帯
しごき帯とは、七五三の衣装に用いる芯のない飾り帯で、帯の下側に巻きます。
ぽっくり
歩きにくければ、草履を履いても構いません。

両親と祖父母は控えめに

七五三は、子どもが主役のお祝いなので、つき添う両親や祖父母の服装は、子どもより目立たないことが大切です。

お母さんは、洋装であればスーツやワンピース、和装であれば訪問着や付け下げ、色無地などが一般的です。お父さんはブラックスーツやダークスーツがよいでしょう。祖父母は、両親の服装と格をそろえます。

子どもと一緒に晴れ着をレンタルしても

七五三の晴れ着をレンタルする人も増えています。子どもの衣装とあわせて、和服を借りるのもおすすめです。子どもと一緒に着つけをしてもらうのも、よい思い出になるでしょう。

母親の和装

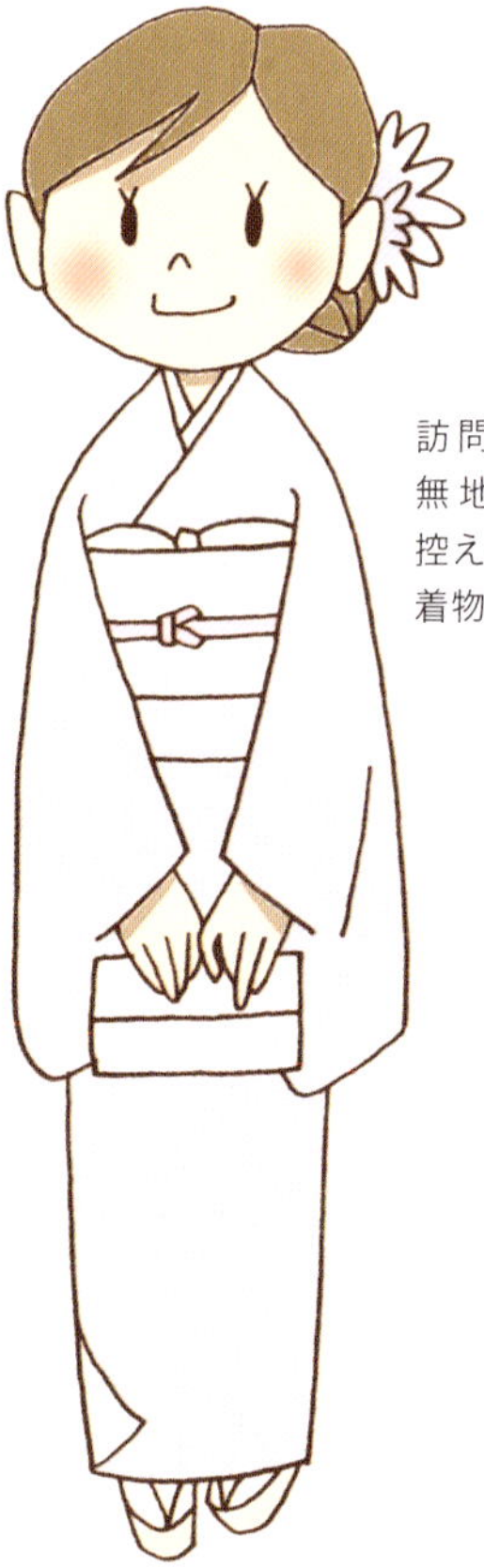

訪問着や付け下げ、色無地などが基本です。控えめで清楚な印象の着物を選びましょう。

母親の洋装

控えめな色のスーツやワンピースが基本です。スカートの丈は膝下ぐらいが理想的です。

七五三の参拝は氏神様に

七五三は、住んでいる地域の氏神様に子どもの成長を祈るものなので、近所の神社に参拝するのが本来の意味にかなっています。

七五三のつき添いは、お宮参りのようなしきたりはありませんので、両親だけがつき添っても、祖父母が一緒でも構いません。

お賽銭《さいせん》を入れて礼拝する場合と、おはらいや祝詞奏上をお願いする場合がありますので、参拝方法はあらかじめ決めておきましょう。

七五三の起源である髪置きや袴着、帯解きなどを行う日は、江戸時代に11月15日と定まったようですが、その由来は、秋の収穫後に神様をまつる霜月《しもつき》の真ん中の日だからとか、陰陽道《おんみょうどう》で吉日だからなど、諸説あってはっきりしたことはわかっていません。

はき慣れた靴を用意

子どもにとって、草履やぽっくりで神社の参道や玉砂利を歩くのは相当な負担になります。はき慣れた靴を用意して、子どもがつらそうなら、すぐに靴にはき替えさせるようにしましょう。

神社に参拝する前に、手水舎《ちょうずや》で手や口を清めます。左手→右手→口の順序で清めるのが基本です。

参拝前に晴れ着で記念撮影

七五三で晴れ着を着たなら、家族で記念撮影をして、晴れ姿を写真に残したいものです。

記念撮影をするタイミングは、神社へお参りする前がよいでしょう。参拝後だと、子どもが疲れてしまって、晴れ着が着くずれてしまったり、機嫌が悪くなって泣いてしまったりすることなどがあります。

写真スタジオによっては、撮影用に晴れ着をレンタルしてくれたり、着つけなども含めてセットになっているところもあるので、参拝する日とは別の日に、記念撮影をすませてもよいでしょう。

子どもの着つけは慣れた美容院に

多くの子どもは、着物を着ることに慣れていません。着つけを頼む場合は、子どもの着つけに慣れている美容院などに任せるようにしましょう。

七五三の時期、写真スタジオは混雑するので、早めに予約を入れておくようにしましょう。

大好物でお祝い

七五三のお参りが終わったあとは、祖父母などの親族を招いて食事会を開き、お祝いをしましょう。外食をする場合は、神社から移動しやすいお店の個室を予約しておくのがおすすめです。

食事の際は、晴れ着を汚さないように、着替えをさせたり、エプロンなどをするようにします。この日ばかりは、子どもの大好物を用意してあげたいものです。

お祝いの贈り方

七五三は親族のお祝いなので、親族以外は、とくにお祝いを贈る必要はありません。子どもの晴れ着は、母方の実家から贈ることがしきたりですが、両親の希望を聞いて購入したり、晴れ着の購入代金を贈ったりしてもよいでしょう。晴れ着一式は高額なので、小物類を贈るなどしてもよいでしょう。現金を贈る場合は、紅白ちょう結びの水引の祝儀袋に、「祝七五三」「七五三御祝」「御祝」などと表書きします。

七五三の祝い方は、地域や家族によって、数え年で行ったり、豪華な披露宴を行ったりするなど、慣習が違うことがあります。お祝いを贈る前に、相手に確認して、希望を聞くようにしましょう。

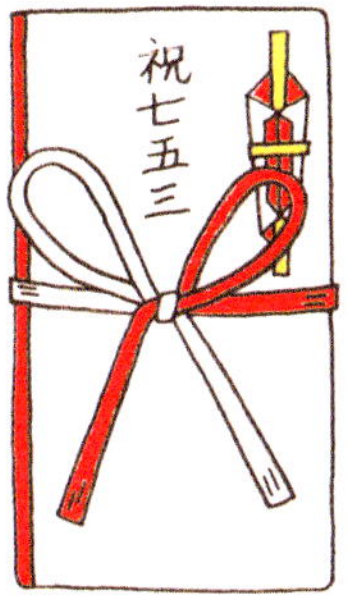

祝儀袋・のし紙

【表書き】
「祝七五三」「七五三御祝」
【水引】
紅白ちょう結び
【金額のめやす】
5000～2万円

お祝いのお返し

七五三のお祝いのお返しは、基本的には必要ありません。食事会に招待することがお返しになります。

招待できなかった遠方の祖父母や、親類からお祝いをもらった場合は、菓子折りや千歳飴《ちとせあめ》などに、のし紙をかけて「内祝」と表書きし、赤ちゃんの名前を書き入れて贈ります。お礼状には七五三の記念写真を添えると喜ばれるでしょう。

また、神社でおはらいや祝詞奏上などを頼む場合は、神社への謝礼が必要です。紅白ちょう結びの水引の祝儀袋に「初穂料」「玉串料」と表書きして、子どもの名前を書き入れたものを用意しておきましょう。

七五三の縁起物である千歳飴は、紅白の長い飴で、江戸時代に浅草で売られていたものが発祥といわれます。

10

入園式【にゅうえんしき】

ちょっぴり成長して、幼稚園や保育園での生活がスタート

0～5歳

4月は、幼稚園や保育園への入園の季節です。多くの子どもにとって、はじめての集団生活がはじまります。入園後、子どもたちは新しい友だちを見つけたり、遠足や運動会などの楽しい行事を経験したりして、社会で生きていく力を身につけていくことでしょう。親からすれば不安なこともあるでしょうが、無事に入園式を迎えられた子どもを祝福して、立派に成長した姿を笑顔で見守りましょう。

入園式の服装は、制服（園服）がある場合はそれを着用しますが、制服がない場合は、フォーマルな服を着せてあげます。入園式の進行は、園によってさまざまですが、園長先生のあいさつや担任の先生の紹介などがあるのが一般的です。

入園式が終わったら、子どもとお祝いの食事会を開きましょう。

子どもの服装はフォーマルに

入園式では、子どもにフォーマルな服装を用意しましょう。男の子なら、ブレザーやカーディガンに半ズボンなど、女の子なら清楚なワンピースやブレザーにスカートなどがよいでしょう。こうしたフォーマルな服装を1着用意しておくと、結婚式などのあらたまった場所に着られるので重宝します。

幼稚園には制服（園服）があるところが多いので、その場合は制服を着用します。入園式前の説明会などで、服装の指示があるはずなので、それに従いましょう。

動きやすい服装を

幼い子どもにとって、動きにくいフォーマルな服装は苦痛です。やわらかい素材の服を選んだり、袖やすその長さを調整するなど、できるだけ動きやすくなるように工夫しましょう。

女の子の服装

ブレザーにスカートや、ワンピースなどが主流です。ボレロつきワンピースやブラウスにジャンパースカートなども人気です。

男の子の服装

ブレザーやカーディガンに、半ズボンなどが主流です。子ども用スーツを着用してもよいでしょう。

両親は春らしい装いで出席

入園式での両親の服装は、洋装が主流のようです。ジーンズなどのカジュアルな装いは避けます。

お母さんの服装は、春らしい、明るい色のスーツやワンピースが一般的です。お父さんの服装は、ダークスーツやブラックスーツが多いようです。両親そろって出席するなら格をそろえて、どちらかが派手になるなどしないように気をつけましょう。

入園式は子どものためのものです。控えめな服装を心がけて、子どもをなによりも一番にお祝いするようにしましょう。

両親の服装に統一感を出す

入園式に両親そろって出席する場合は、お母さんの服装の色と、お父さんのネクタイの色をそろえると、統一感を出すことができます。

父親の服装

ダークスーツやブラックスーツにするとよいでしょう。ネクタイは明るい色を選ぶのが基本です。足元にも気を配って、靴をきれいに磨いておくこともポイントです。

母親の服装

淡くてやさしい色や、明るい印象のスーツやワンピースが多いようです。パールのネックレスや、コサージュなどで、入園式にふさわしい華やかさを演出しましょう。スカートの丈は膝下程度がよいでしょう。

入園式の準備と当日の流れ

入園説明会などで必要な物の説明があるので、しっかり準備とチェックをしておきましょう。

通園バッグや上ばき、ハンカチなどが入園式には必要です。書類などを提出する場合もあります。

入園式当日は、時間に余裕をもって家を出ましょう。入園式の進行は、園によって違いますが、1時間以内に終わることがほとんどです。

入園式の進行例

1. 司会者が、入園年度や幼稚園・保育園名などを伝えて、開式宣言を行います。
2. 新入園児が会場に入場します。参列者は拍手で迎えます。
3. 園長先生のあいさつ、担任の先生の紹介、年長組の園児からの歓迎のあいさつなどが行われます。
4. 司会者が閉式を宣言したあと、新入園児は式場から退場します。参列者は拍手で送ります。

入園式のあと、各教室へ移動して担任の先生の紹介や園の説明を聞くなどしてすごします。記念撮影が行われることも。

撮影はマナーを守って

どの親も、入園式でのわが子の姿を、写真やビデオを撮りたいものです。しかし、式の最中に子どもに声をかけたり、勝手に席を立って撮影したりするなど、進行をさまたげるような行為はやめましょう。

入園祝いの食事会

入園式が終わったら、お祝いの食事会を開きましょう。レストランで食事をしてもよいですし、自宅に祖父母や親しい友人を招待してもよいでしょう。ケーキを用意してお祝いをするのもおすすめです。

入園式当日は、子どもが疲れているはずなので、できれば入園式とは別の日に食事会を開くようにしましょう。

手づくりするアイテムも

入園すると、通園バッグや上ばき入れ、お弁当箱など、いろんな物が必要になりますが、園によって違いがあるので、入園式前の説明会でよくチェックしましょう。あらかじめ必要な物リストをつくってそろえるのがおすすめです。お弁当袋やコップ袋などは、家庭で手づくりすることが決められている場合もあるので、早めに準備を進めておくとよいでしょう。

持ち物には、すべて名前をつけておくようにしなくてはなりません。名前のつけ方も、園から指示される場合があるので、それに従うようにしましょう。

入園に必要な物の例

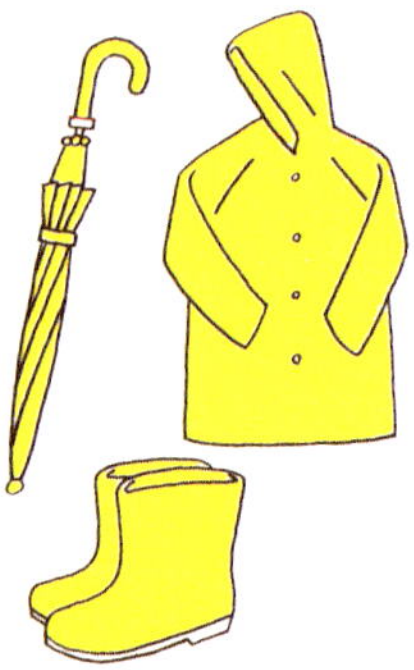
かさ・レインコート・長靴

遠足用リュックサック

お弁当箱・お弁当袋

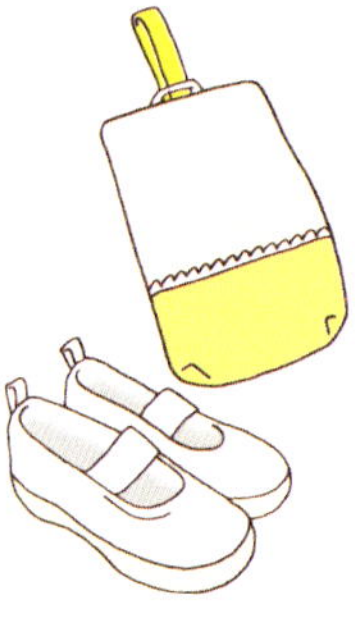
上ばき・上ばき入れ

通園バッグ

祖父母に入園の報告

子どもが入園したら、祖父母など、親しい人に報告をしましょう。祖父母が近くに住んでいるなら、入園式の日程などを伝え、両親と一緒に入園式に出席してもらってもよいでしょう。

遠方の祖父母には、事前に入園を報告して、入園式当日には、電話で子どもの声を聞かせるなどすれば喜ばれるでしょう。

親類や知人に、事前に入園報告をすると、お祝いを催促していると思われることがあるので注意が必要です。

祖父母から事前にお祝いをもらった場合は、お礼状に写真などを添えて、入園を報告するとよいでしょう。

お祝いの贈り方

入園のお祝いは、基本的には親族のお祝いなので、祖父母や、特別親しい間柄でなければ、お祝いを贈る必要はありません。

自分の子どもにお祝いを贈ってくれた場合、相手には同額程度のものを贈るようにします。

入園のお祝い品としては、遠足用のリュックサックや、お弁当箱など、幼稚園や保育園で必要な物を贈ると喜ばれます。ただ、園での必需品は、相手がすでに購入していたり、希望の品物がある場合もあるので、確認してから贈るようにしましょう。現金を贈る場合は、紅白ちょう結びの水引の祝儀袋に、「祝御入園」「御入園御祝」などと表書きします。

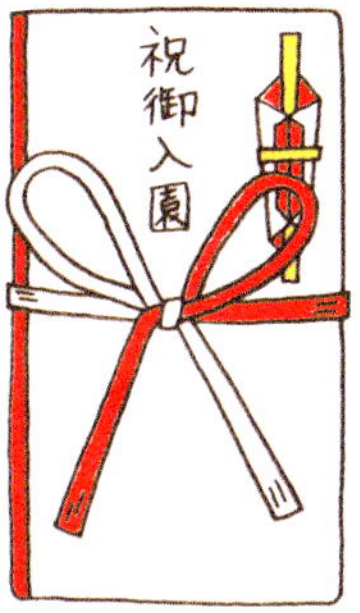

祝儀袋・のし紙
【表書き】
「祝御入園」「御入園御祝」
【水引】紅白ちょう結び
【金額のめやす】
5000～1万円

お祝いのお返し

入園のお祝いのお返しは、基本的には必要ありませんが、お礼状は必ず出しましょう。

祖父母などからお祝いをもらった場合は、まず電話などでお礼を伝えて、食事会に招待してするとよいでしょう。遠方の祖父母や親類からお祝いをもらった場合は、入園式の写真や、子どもが描いた絵などを同封して、ていねいなお礼状を出しましょう。

11

卒園式

【そつえんしき】

お世話になった幼稚園・保育園を卒業する日

5～6歳

年長さんとして幼稚園や保育園ですごした子どもたちは、いよいよ卒園式を迎えます。3月になるといよいよ卒園式を迎えます。卒園式には、親子ともにフォーマルな服を着てのぞみます。

卒園式の進行は、卒園証書授与や園長先生のあいさつなどが中心ですが、最近は、親から子どもに卒園証書を渡したり、子どもから親に「育ててくれてありがとう」と感謝の言葉を伝えたりするなど、親も参加するかたちが多くなっています。できる限り卒園式に参加して、子どもが立派に成長した姿を目に焼きつけて、晴れて巣立っていく子どもを祝福しましょう。

卒園式のあとには、親が中心となって謝恩会を開くのが一般的です。お世話になった先生たちや、お友だちの両親など、周囲の人に感謝の気持ちを伝えてください。

フォーマルな服や制服でかわいく

卒園式での子どもの服装は、指定の制服（園服）があれば、それを着用しますが、制服がなければ、フォーマルな服装を用意してあげましょう。

男の子なら、スーツやブレザーなど、女の子ならセットアップやブレザー、ワンピースなどが一般的です。子どもはすぐに大きくなってしまうので、レンタルなどを利用してもよいでしょう。

卒園式の服装は入学式に活用

卒園式の服装は、小学校の入学式にも着ることができます。その場合、まったく同じ服装にするのではなく、ネクタイを変えたり、上着を変えたりして、少しでも印象が変わるように工夫しましょう。

女の子の服装

セットアップや、ブレザーにスカート、清楚なワンピースなどが基本です。ヘアアレンジやアクセサリーなどでフォーマルな雰囲気を演出するとよいでしょう。

男の子の服装

スーツやブレザーが基本です。ネクタイは明るい色を用意して、きれいな靴下や靴をはかせましょう。革靴にすると、大人っぽい雰囲気になります。

お母さんとお父さんの服装

卒園式でのお母さんの服装は、黒や紺、グレーなど暗めのスーツが大半です。華やかな色のスーツを着ると、浮いてしまうこともあるので、卒園式の雰囲気を先輩のお母さんたちに聞いてみるとよいでしょう。まだ寒い時期なので、防寒対策をすることも大切です。お父さんの服装は、ブラックスーツやダークスーツが基本です。

スリッパなど、持参する物も前日までに確認しておきましょう。

アクセサリーにはパールのネックレスや、コサージュなどを飾ると華やかになります。

記念アルバムや卒園証書を授与

卒園式の進行は、園によって違いますが、卒園証書授与などを中心に、1時間程度で終わることがほとんどです。卒園式では、卒園証書や、記念アルバムなどを持ち帰るため、折りたためるバッグなどを持参すると便利です。

写真やビデオの撮影は、式の進行をさまたげたり、周りに迷惑をかけたりしないように配慮しましょう。

卒園式の進行例

1. 司会者が、卒園年度や幼稚園・保育園名などを伝えて、開式宣言を行います。
2. 卒園児が会場に入場します。
3. 卒園証書の授与、園長先生のあいさつ、来賓のあいさつなどが行われ、在園児からの送る言葉、卒園児からの別れの言葉などが贈られます。
4. 司会者が閉式を宣言したあと、卒園児は式場から退場します。

卒園式では、卒園児たちが練習した歌を披露することも。

感謝を込めて贈る先生へのプレゼント

卒園式では、クラス全体でお世話になった先生に、お礼状を添えて、お礼の品を贈るのが一般的です。花束や菓子折りのほか、毎日使うタオルやハンカチ、エプロンなどを贈っても喜ばれます。お礼状は、親の代表者が書くことが多いようです。子どもが書いた手紙や絵などを添えてもよいでしょう。園によっては贈り物を禁止しているところもあるので、確認しておきましょう。

贈り物も喜ばれますが、素直に感謝の言葉を伝えることが、なによりのプレゼントになります。

お祝いの贈り方

卒園のお祝いは、基本的には親族のお祝いなので、祖父母や、特別親しい間柄でなければ、お祝いを贈る必要はありません。また、すぐに入学式を控えているため、入学祝いを優先して、卒園祝いを省略することもあります。

自分の子どもにお祝いを贈ってくれた場合、相手には同額程度のものを贈るようにします。

現金を贈る場合は、祝儀袋に「祝御卒園」「御卒園御祝」などと表書きします。

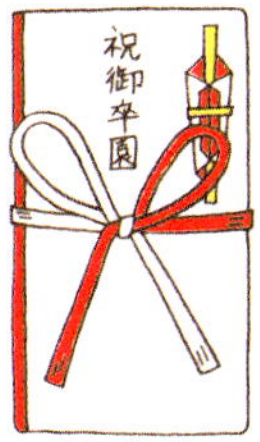

卒園のお祝い品としては、図鑑や文房具、おもちゃなどがよいでしょう。

祝儀袋・のし紙

【表書き】
「祝御卒園」「御卒園御祝」
【水引】紅白ちょう結び
【金額のめやす】
5000円〜１万円

お祝いのお返し

卒園のお祝いのお返しは、基本的には必要ありませんが、お礼状は必ず出しましょう。

祖父母からお祝いをもらった場合は、まず電話などでお礼を伝えて、会食などに招待するとよいでしょう。招待できなかった遠方の祖父母や親類からお祝いをもらった場合は、卒園式の写真を添えて、ていねいなお礼状を出します。子どもに電話でお礼をさせてもよいでしょう。

12

小学校入学式

【しょうがっこうにゅうがくしき】

自立への第一歩、小学校での生活がはじまる記念すべき日

6～7歳

幼稚園や保育園と違って、小学校では教科書を見ながら、先生の話を聞いて勉強をするようになります。また、身のまわりのことは全部自分でやらなくてはいけません。小学校へ入学することは、子どもが自立への一歩をふみだすことです。入学式は、その門出を祝う式典なのです。

小学校入学までに、自治体から入学通知書が届きます。そのあと入学届を提出したり、入学説明会に参加したりして入学の準備を進めます。ランドセルや上ばき、筆記用具など、入学式に必要な物を準備しておきましょう。

入学式当日は、親子ともにフォーマルな服装でのぞむのが基本です。ランドセルを背負った子どもと一緒に、通学路を歩いて学校に向かい、式がはじまる前に、校門や校庭で記念撮影をしておきましょう。

入学式のときの子どもの服装

小学校では制服がないことが多いので、入学式にはフォーマルな服装でのぞみます。事前の入学説明会などで、服装についての指導があるはずなので、それに従うようにします。

男の子はブレザーやスーツなどが基本です。女の子はブレザーにスカート、ワンピースなどが一般的で、ボレロつきのワンピースなども人気です。洋服の好みがある女の子は、希望を聞いてみましょう。

フォーマル服はレンタルしても

幼稚園では制服があったので、子どもがフォーマル服を着る機会は、小学校の入学式だけという場合があります。その場合は、レンタルやネットオークションなどを利用して費用をおさえてもよいでしょう。

女の子の服装

紺色のブレザー、ワンピースなどが基本です。服の色は紺色以外でも構いませんが、華美になりすぎないように配慮します。女の子は服装の好みがはっきりしていることが多いので、相談しながら選びましょう。

男の子の服装

スーツやブレザーが基本です。ネクタイは明るい色がよいでしょう。清潔な白い靴下をはかせて、できれば革靴を用意しましょう。

両親の服装にも明るい色味を

入学式での両親の服装は、洋装が主流になっています。入学式の主役は子どもなので、派手な服装をして、子どもより目立つことがないように注意してください。また、ジーンズなどのカジュアルすぎる服装も入学式にそぐいません。

お母さんの服装は、明るい色のスーツやワンピースが主流で、お父さんの服装は、ダークスーツやブラックスーツが大半です。両親で出席する場合は、ちぐはぐな印象を与えないように格をそろえましょう。

新調するなら着回しがきく服を

入学式のためだけに洋服を新調するのは出費がかさんで大変です。せっかくなら、ほかの服と合わせやすい色のスーツなど、着回しがきく洋服を選ぶとよいでしょう。

父親の服装

ダークスーツやブラックスーツが主流です。ネクタイの色は春らしい明るい色がおすすめです。スーツやシャツにはアイロンをきかせて、靴もきれいに磨いておきましょう。

母親の服装

パステルカラーや明るい色のスーツやワンピースが主流です。パールのネックレスや、コサージュなどを飾ると、華やかな印象になります。和服の場合は、訪問着や付け下げなど、控えめな印象のものを選びましょう。

当日は通学路を一緒に登校

入学式に持参する物には、ランドセルや上ばき、筆記用具などがあります。また、入学通知書を持参して、提出する必要がある場合があります。事前の入学説明会などで必要な物の説明があるはずなので、前日までに準備とチェックをしておきましょう。

入学式当日は、時間に余裕をもって家を出て、通学路を一緒に歩いて、道順を確かめながら登校するのがおすすめです。混雑を招くので自家用車の利用は避けましょう。

入学式の時間は、学校によって違いますが、1時間程度が多いようです。入学式の終了後、新入生は自分の教室に移動して、担任の先生とあいさつをします。下校の時間は事前に確認しておくとよいでしょう。

入学式の進行例

1. 司会者が、入学年度や小学校名などを伝えて、開式宣言を行います。
2. 新入生が式場となる体育館などに入場します。参列者は拍手で迎えます。
3. 校長先生のあいさつ、来賓の祝辞、在校生からの歓迎の言葉、新入生からのあいさつ、校歌斉唱などが行われます。
4. 司会者が閉式を宣言したあと、新入生は式場から退場します。参列者は拍手で送ります。

入学式のあと、子どもたちは教室へ移動して、決められた席にすわり、担任の先生の話を聞いたり、出席をとったりします。記念撮影が行われることもあります。学校によっては、両親も一緒に教室へ向かいます。

新しい門出を祝福

入学式が終わったら、家族で食事会を開いて、新しい門出を祝福しましょう。レストランなどで食事をしてもよいですし、自宅に祖父母や親しい友人を招待しても楽しい会食になります。

食事会の席では、子どもに、小学生になってどんなことをしてみたいかなどを聞いてみたり、両親・祖父母からそれぞれ祝福の言葉を贈ったりするとよい記念になるでしょう。

小学校で必要な物をそろえる

ランドセルや上ばき、体操服、文房具など、小学校生活に必要な物はさまざまあります。そろえなければならない物や、そろえる時期については、事前の説明会で説明があるので、しっかりと確認しておきましょう。持ち物リストを作成しておくと準備がしやすくなります。

子どもの持ち物には、すべて名前をつけておくことが必要になります。細かい持ち物ひとつひとつに名前を手書きするのはたいへんな作業なので、名前シールや名前スタンプなどを利用してもよいでしょう。

入学に必要な物の例

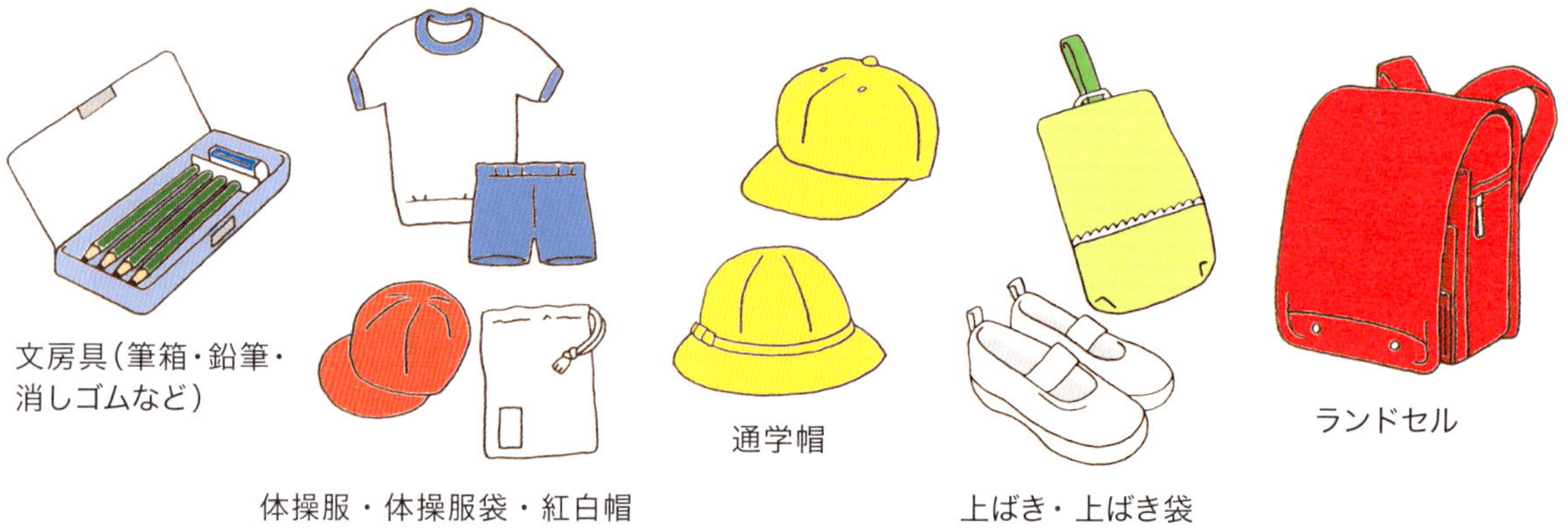
文房具(筆箱・鉛筆・消しゴムなど)
体操服・体操服袋・紅白帽
通学帽
上ばき・上ばき袋
ランドセル

親しい人たちに入学を伝える

子どもが小学校に入学するなら、事前に祖父母など、親しい人に報告をしましょう。遠方の祖父母には、入学式当日に電話で子どもの声を聞かせてあげると喜ばれるでしょう。

親類や知人に、事前に入学報告をすると、お祝いを催促していると思われることがあるので注意が必要です。報告したい知人には、年賀状や暑中見舞いを送る機会に、入学したことを書き添えるとよいでしょう。

祖父母から入学祝いなどをもらった場合は、お礼状に写真などを添えて、入学を報告しましょう。

お祝いの贈り方

入学のお祝いは、基本的には親族のお祝いなので、祖父母や、特別親しい間柄でなければ、お祝いを贈る必要はありません。

自分の子どもにお祝いを贈ってくれた場合、相手には同額程度のものを贈るようにします。

祖父母からは、ランドセルや学習机など、やや高額なお祝い品を贈ることが一般的です。ただ、小学校での必需品は、相手がすでに購入していたり、好みの品物がある場合もあるので、確認してから贈るようにしましょう。現金を贈る場合は、紅白ちょう結びの水引の祝儀袋に、「祝御入学」「御入学御祝」などと表書きします。

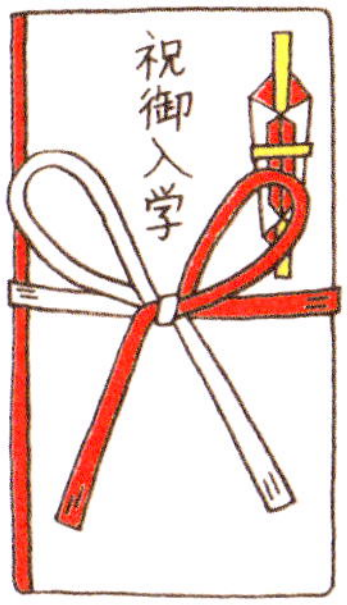

祝儀袋・のし紙
【表書き】
「祝御入学」「御入学御祝」
【水引】紅白ちょう結び
【金額のめやす】
5000～1万円

お祝いのお返し

小学校入学のお祝いのお返しは、基本的には必要ありませんが、お礼状は必ず出しましょう。また、電話などで、子どもから直接お礼をさせることも大切です。

祖父母などからお祝いをもらった場合は、まず電話などでお礼を伝えて、食事会などに招待しましょう。遠方の祖父母や親類からお祝いをもらった場合は、入学式の写真や、子どもからの手紙を添えて、ていねいなお礼状を出しましょう。

13 小学校卒業式【しょうがっこうそつぎょうしき】

新たな旅立ちと子どもの成長を祝福して

11〜12歳

6年間の小学校生活を終えた子どもは、卒業の日を迎えます。子どもの成長と、新たな旅立ちを祝福しましょう。卒業式は、親子ともにフォーマルな服装が基本です。子どもはスーツやブレザーが一般的ですが、4月から入学する中学校の制服を着用する学校もあります。親は紺色やグレー系のスーツが主流です。

卒業式のあとに親たちが謝恩会を主催することもあります。お世話になった先生には、お礼の気持ちを込めて、クラス全員から記念品などを贈りましょう。

男の子の服装

スーツやブレザーが基本です。晴れの舞台にふさわしい、明るい色のネクタイを用意しましょう。

女の子の服装

ブレザーにスカート、ワンピースなどが基本です。リボンなどをつけると華やかな印象になります。

お祝いの贈り方

卒業祝いは、祖父母などの親族から贈るのが基本です。小学校卒業式のあと、すぐに中学校入学式を迎えるので、卒業祝いを兼ねて入学祝いを贈ると、新しい門出のお祝いにもなります。

品物を贈る場合は、直接本人に希望を聞くとよいでしょう。現金を贈っても喜ばれます。

お祝いのお返し

小学校の卒業祝いは、親族のお祝いごとなので、お返しは基本的には必要ありません。卒業祝いの食事会に招待することがお返しになります。遠方の祖父母などからお祝いをもらった場合は、まず電話でお礼を伝えて、お礼状を出しましょう。また、子ども本人からも直接お礼をさせるようにします。

子どもと季節の節目を楽しむ行事

家族ですごす

年中行事カレンダー

1年を通じて、わたしたちの身のまわりにはさまざまな行事があります。季節の移り変わりを感じながら、家族みんなで年中行事を楽しみましょう。

1月

新しい年のはじまりです。年神様をお迎えしましょう。今年もよい1年でありますように！

1日～　お正月
7日　人日の節句
11日　鏡開き
15日　小正月
15日　左義長

2月

まだまだ寒い日が続きます。2月最初の行事は節分。鬼役は、お父さんで決まりだね！

3日ごろ　節分
最初の午の日　初午
8日　事始め／針供養
14日　バレンタインデー

3月

暖かくなり、春の気配が感じられます。お彼岸には、みんなでお墓参りに行こうね。

3日　桃の節句
5日ごろ　啓蟄
14日　ホワイトデー
21日ごろ　お彼岸

4月

本格的な春の到来です。今年はお花見弁当をつくって、みんなでお花見に行きたいな。

1日　エイプリルフール
8日　花祭り
13日　十三参り
3月下旬～4月　お花見

5月

春の陽気が続く、すごしやすい季節です。母の日には、どんなプレゼントを贈ろうかな？

2日ごろ　八十八夜
5日　端午の節句
第2日曜　母の日
15日　葵祭

6月

雨の降る日が多くなってきました。衣替えをして、夏を迎える準備をはじめよう！

1日　衣替え
11日ごろ　入梅
第3日曜　父の日
30日　夏越の祓

7月

いよいよ夏本番です。七夕に海水浴など、楽しい行事がいっぱい。夏休みが待ち遠しい！

7日　七夕
15日　お中元
第３月曜　海の日
28日ごろ　土用の丑の日

8月

夏も終わりが近づいてきました。お盆にはお墓参りをして、盆踊り大会に行きたいな。

13～16日　お盆
15日ごろ　盆踊り
15～16日　送り火

9月

涼しい日が増えてきました。十五夜では、月見だんごを食べながら、お月見をするぞ！

9日　重陽の節句
第３月曜　敬老の日
中旬～下旬　十五夜

10月

秋晴れが続く気持ちがよい時期です。赤や黄色に色づいた紅葉がとってもきれいだろうな。

10日中旬　十三夜
20日ごろ　恵比須講
10月中旬から11月　紅葉狩り
31日　ハロウィン

11月

冬がはじまろうとしています。七五三や酉の市など、にぎやかな行事がたくさんあるね。

3日　文化の日
15日　七五三
亥の日　亥の子
酉の日　酉の市
下旬　十日夜

12月

1年の終わりの月です。今年のクリスマスは、どんなプレゼントをもらえるかなあ？

13日　正月事始め
22日ごろ　冬至
25日　クリスマス
31日　大晦日

1月

睦月《むつき》

新年を親族で仲睦まじく祝うため、「睦びの月」と呼ばれたことが由来といわれます。

季節の花

椿（つばき）

二十四節気

小寒《しょうかん》
（1月6日ごろ）

大寒《だいかん》
（1月20日ごろ）

行事カレンダー

1日　元日
6日ごろ　小寒
7日　人日の節句
11日　鏡開き
15日　小正月
20日ごろ　大寒

年神様を家に迎えるための飾り

お正月《しょうがつ》 ー1月1日〜ー

お正月は、人々に生命力と年齢を与える年神様《としがみさま》を家に迎え入れて、おもてなしをする行事です。年神様は先祖の霊とされ、よい運気をもたらす神様と考えられてきました。年神様を家にお迎えするために門に飾る目印が、門松です。しめ飾りは、家が年神様をまつるための清浄な場所であることを示すもので、鏡餅は年神様へのお供え物であるのと同時に、年神様がやどる物とされていました。

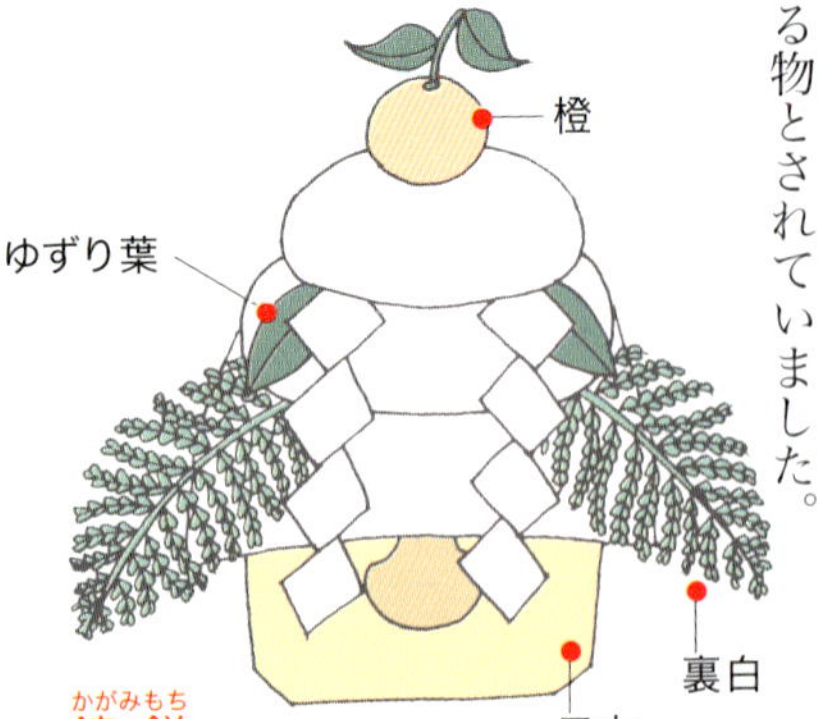

鏡餅《かがみもち》

鏡餅の飾り方は地域などによって異なりますが、三方《さんぽう》と呼ばれる台の上に、大小の丸い餅を重ねて、橙や裏白《うらじろ》、ゆずり葉などで飾り、床の間に供えるのが基本です。

しめ飾《かざ》り

しめ飾りは、しめ縄を装飾化したものです。しめ飾りを飾ることで、家が年神様にふさわしい清浄な場所であることを示します。地域によってさまざまな形がありますが、裏白やゆずり葉、橙などを飾ったものが代表的です。

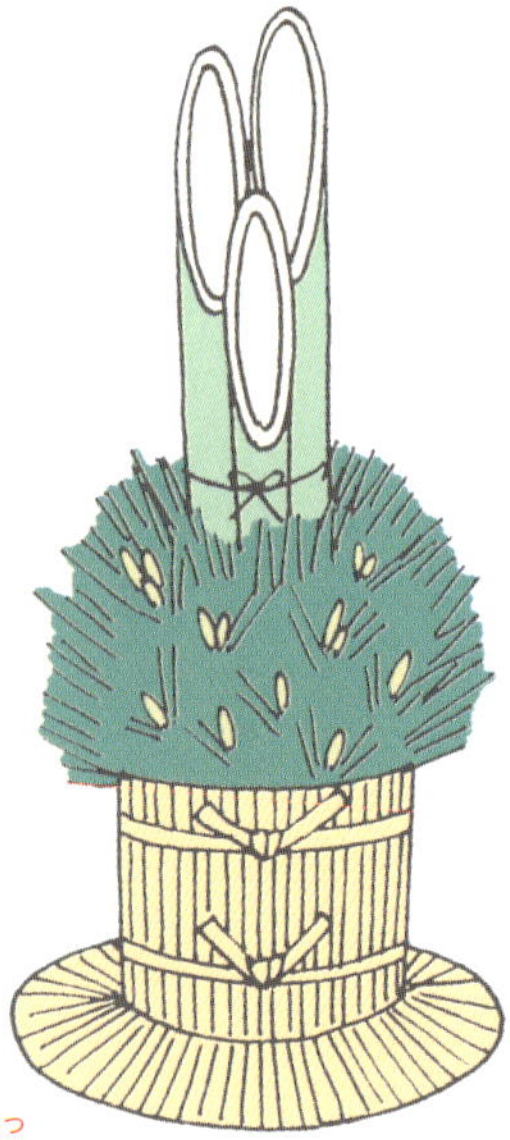

門松《かどまつ》

門松の起源は、門に松を1本だけ立てるものでしたが、やがて竹を添えて、玄関や門の両脇に一対で飾るようになりました。竹は3本立てるのが一般的です。

年神様に供える節供料理《せっくりょうり》に由来

正月料理《しょうがつりょうり》 ー1月1日〜3日ー

正月料理のおせち料理は、節句に神様に供える節供料理に由来します。節句とは、1年の節目になる日のことで、元日のほかに、端午の節句や桃の節句などが知られていますが、やがてお正月の豪華な節供料理だけを、おせち料理と呼ぶようになりました。また、お正月には、おせち料理と一緒に、お屠蘇《とそ》や雑煮を食べるのがならわしです。

雑煮《ぞうに》

雑煮はもともと、年神様にお供えした餅を神棚から下ろし、野菜や鶏肉、魚介などと一緒に煮こんだ料理でした。雑煮は地域によって食材や調理法の違いが大きいのが特徴です。

関東風
しょうゆで味つけしたすまし汁に、焼いた角餅を入れます。

関西風
白みそ仕立てで、焼かずに丸餅を入れて煮ます。

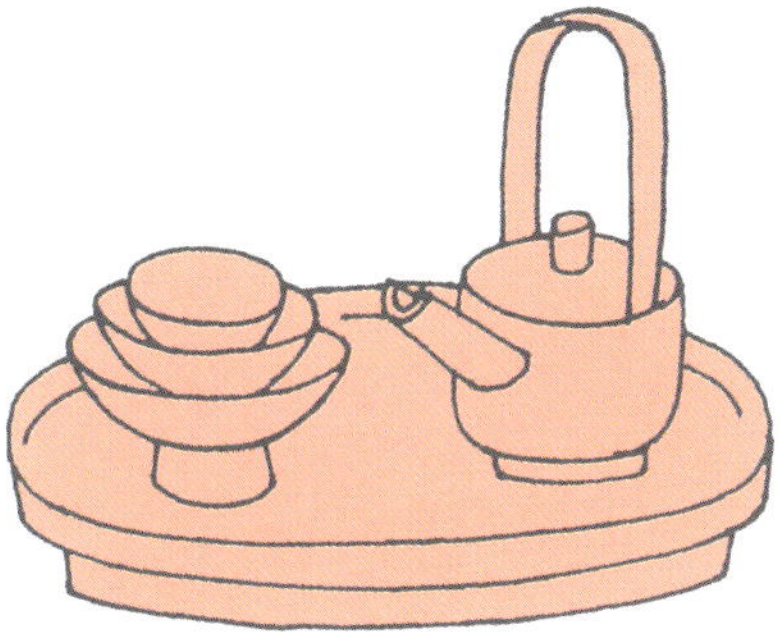

お屠蘇《とそ》

お屠蘇は、邪気をはらい、無病息災を願って飲む薬酒です。古代中国の、漢方薬が入った屠蘇《とそ》散《さん》と呼ばれる薬用酒をお正月に飲む習慣が、日本に伝わったものといわれます。屠蘇散は薬局などで買えますが、日本酒などで代用してもよいでしょう。

おせち料理《りょうり》

おせち料理は、正式には一の重、二の重、三の重、与の重、控えの重の５段重ですが、最近では３段重が主流です。料理の中身や詰め方は地域などによって違いますが、関東では「黒豆、数の子、ごまめ（田作り）」、関西は「黒豆、数の子、たたきごぼう」が、おせちには欠かすことができない三《み》つ肴《ざかな》です。

一の重
祝《いわ》い肴《ざかな》、口取《くちと》りと呼ばれる酒の肴を詰めます。三つ肴を基本に、かまぼこやだて巻、栗きんとんなどを詰めます。

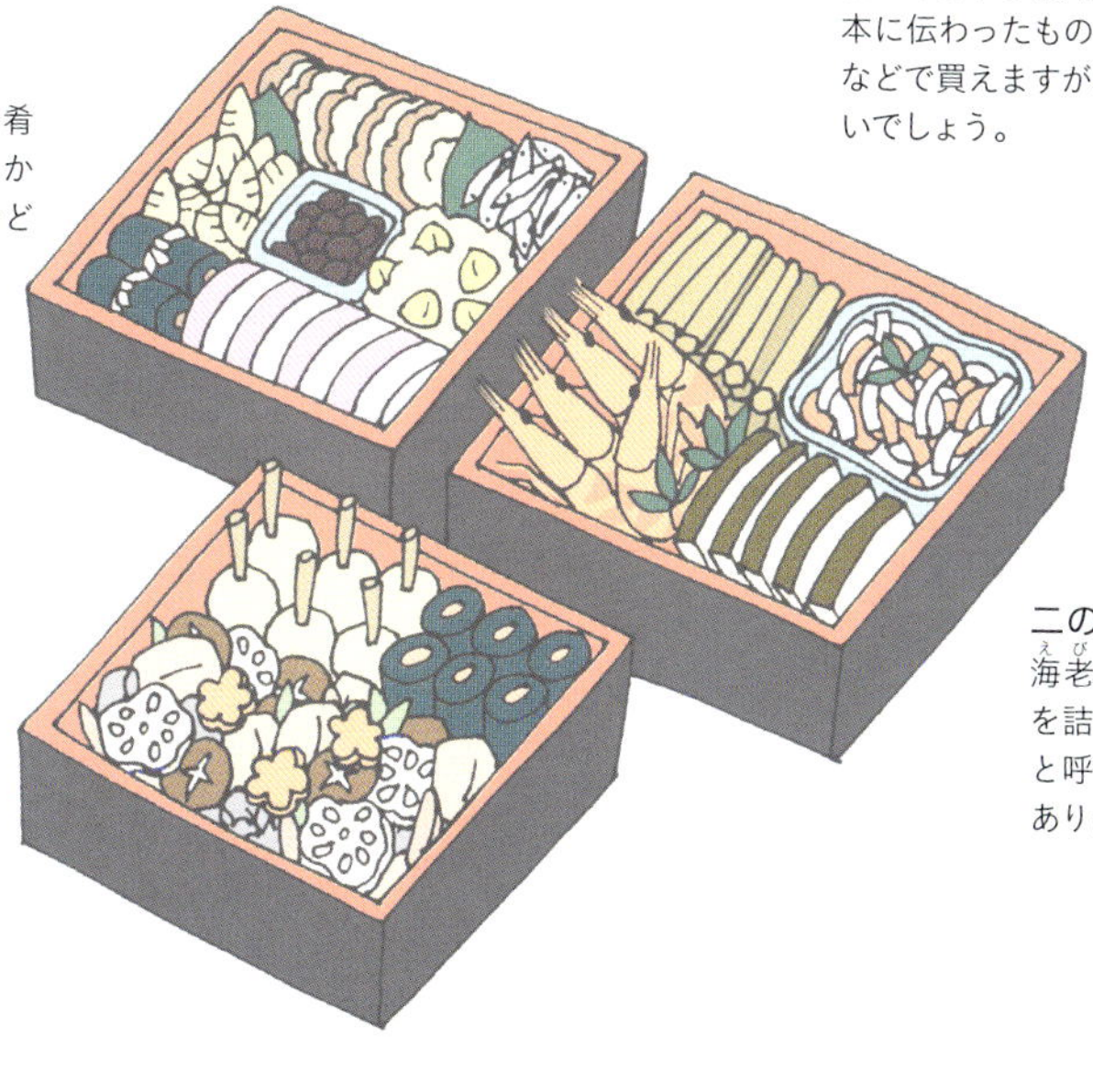

二の重
海老《えび》や鯛《たい》、鰤《ぶり》など魚介類の焼き物を詰めるのが基本で、紅白なますと呼ばれる酢の物を詰めることもあります。

三の重
くわいやれんこん、しいたけ、にんじん、八つ頭などの煮物を詰めるのが基本です。

年神様を迎えるためのしきたり

正月行事《しょうがつぎょうじ》 ー1月1日〜3日ー

お正月は、1日を「元日《がんじつ》」、3日までを「三《さん》が日《にち》」、7日までを「松《まつ》の内《うち》」と呼び、元日は家族そろって家にこもり、年神様を静かに待つのが古くからのしきたりでした。このため、初詣や書き初め、年始のあいさつなど、新年を祝うためのさまざまな行事は、2日以降に行うのがよいとされています。

若水《わかみず》

元旦（元日の朝）にはじめて汲む水を若水といいます。若水は1年の邪気をはらうとされ、昔は、若水を年神様にお供えして、口をすすいだり、料理したりするのに使っていました。

書《か》き初《ぞ》め

年が明けてはじめて、毛筆で書をしたためる行事で、2日に行うのが一般的です。江戸時代は、若水で墨をすり、縁起のよい詩歌を書くのがならわしでした。

初詣《はつもうで》

年が明けたあと、神社や寺院にお参りして、1年の無事と幸せを祈る「初詣」は、明治時代以降に広まった新しい習慣です。初詣の起源は、江戸時代後期に流行した「恵《え》方参《ほうまい》り」といわれ、その年の恵方（縁起がよい方角）にある神社仏閣にお参りするものでした。

正月恒例の伝統的な遊び
正《しょう》月《がつ》遊《あそ》び 【1月1日〜】

昔からお正月は、子どもたちが遊びに興じることができる期間でした。お正月の代表的な遊びには、凧あげや羽根つき、こま回し、すごろく、福笑い、かるた遊びなどがあります。こうした伝統的な正月遊びを、子どもと一緒に楽しんでみると楽しいでしょう。

お正月恒例のお年玉は、年神様へお供えした餅を、家族などに分け与えたのがはじまりといわれます。

凧《たこ》あげ

平安時代以前に中国から伝わり、江戸時代には子どもだけでなく、大人も凧あげ競争をしていたそうです。

行事を楽しむコツ

お正月の遊びに挑戦

家族みんなでお正月ならではの遊びをしてみましょう。凧あげやこま回しは、小さな子どもには難しいこともあるので、最初は親子一緒にやってみるとよいでしょう。

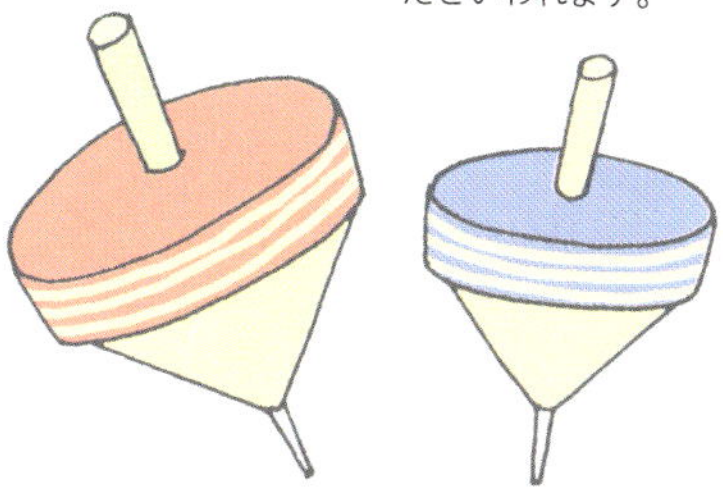

こま回《まわ》し

奈良時代に、朝鮮半島の高麗《こま》（高句麗《こうくり》）から伝わったことが名前の由来とされ、江戸時代に庶民の遊び道具として広まったといわれます。

羽根《はね》つき

羽根つきは、魔除《まよ》けの意味をもち、羽根の飛ぶ様子が虫を食べるトンボに似ているため、病気を媒介する蚊に刺されないためのまじないでもありました。江戸時代に女の子の遊びとして定着したといわれます。

すごろく

古代インド発祥といわれる「盤《ばん》すごろく」が起源で、たくさんの駒をさいころの目によって動かす遊びとして、6世紀ごろ、日本に伝わったとされます。これに代わって、江戸時代に子どもの遊びとして生まれたのが、現在でも行われている「絵すごろく」です。

七草粥を食べて
青菜の生命力を授かる

人日《じんじつ》の節句《せっく》 ー1月7日ー

正月7日は、「人日の節句」と呼ばれ、この日の朝に七草粥を食べるのがならわしです。七草粥に炊きこむ春の七草には、強い生命力があり、これらを食べると邪気がはらわれ、1年間健康にすごせるといわれてきました。

　七草粥には、お正月のごちそうで疲れた胃を休めるとともに、青菜から冬に不足しがちな栄養を補給するという効果もあります。

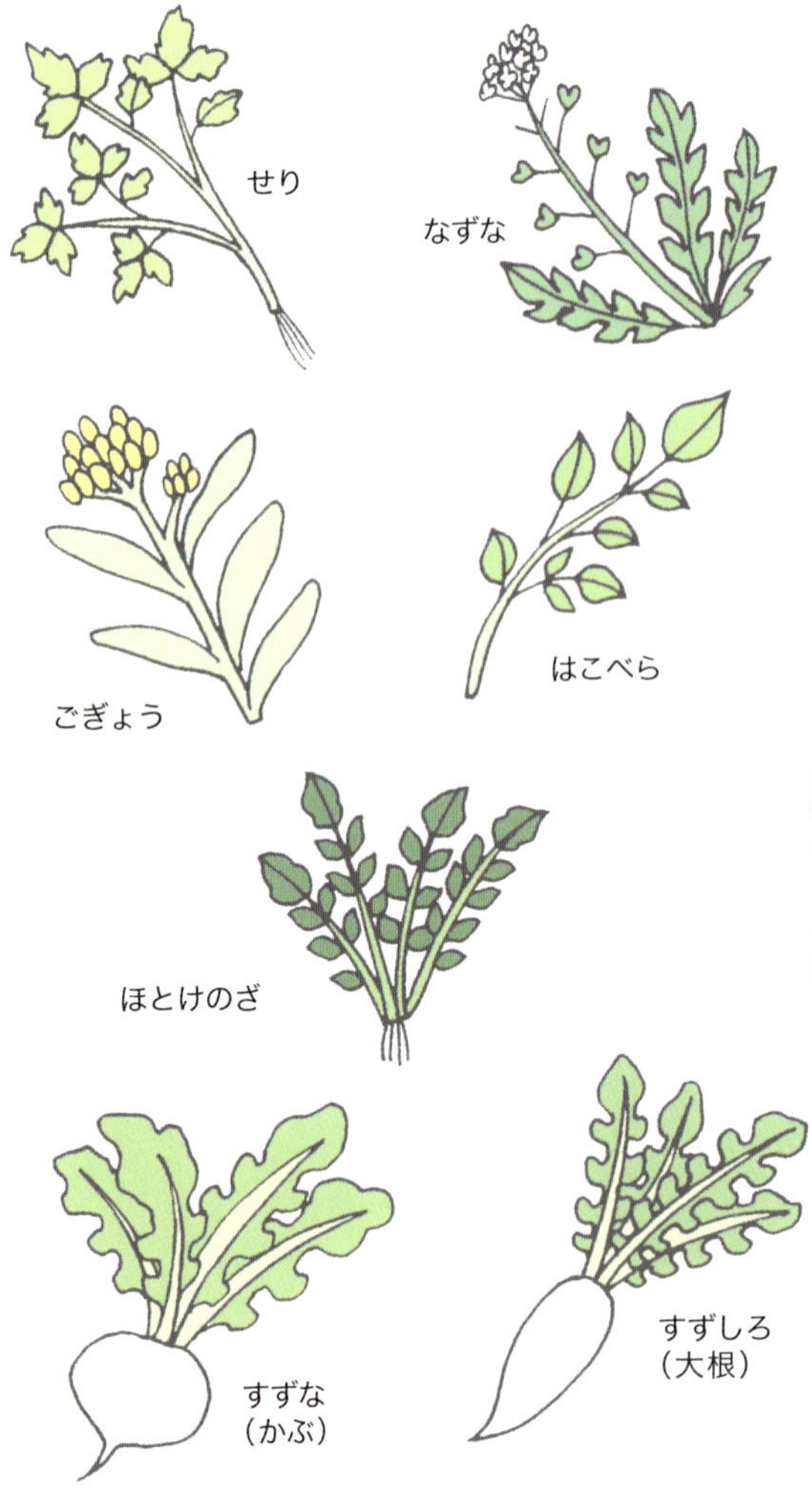

春《はる》の七草《ななくさ》

春の七草は、地域によって違うことがありますが、せり、なずな、ごぎょう、はこべら、ほとけのざ、すずな（かぶ）、すずしろ（大根）の7種が一般的です。

鏡餅を割って
雑煮に入れて食べる行事

鏡開《かがみびら》き ー1月11日ー

「鏡開き」は、お正月の間に年神様にお供えしていた鏡餅を下げて、雑煮やお汁粉に入れて食べる行事です。この餅を食べると、年神様の霊力が得られるといわれます。鏡開きでは、刃物は使わず、木づちで砕いたり、手で割るのがしきたりです。

　もともと武家社会の風習で、「切る」「割る」といった言葉は縁起が悪いとされたため、縁起をかついで「開く」という言葉が使われました。

由来

徳川家光の命日を避けて変更

鏡開きは、もともと1月20日に行われていましたが、江戸幕府3代将軍・徳川家光がこの日に亡くなったことから、11日に変更されたという説があります。現在でも、20日に鏡開きを行う地域があるそうです。

女正月とも呼ばれる 女性をいたわる日
小正月《こしょうがつ》 ―1月15日―

旧暦では、1月15日は最初の満月の日で、満月をめでたいとする風習があったため、元日を「大正月《おおしょうがつ》」と呼び、15日を「小正月」と呼んで、お祝いをしました。小正月の朝には、小豆粥を食べたり、餅花《もちばな》を飾るのが古くからのならわしです。

小正月は、「女正月《おんなしょうがつ》」とも呼ばれ、正月期間中に働きづめだった女性がひと息つける日でもありました。

小豆粥《あずきがゆ》
小正月には小豆粥を食べて、１年の健康を祈るのがしきたりです。また、神社などでは、竹筒に入れて小豆粥を炊き、中の粥の状態によって、その年の農作物のできを占う「粥占《かゆうら》」も行われます。

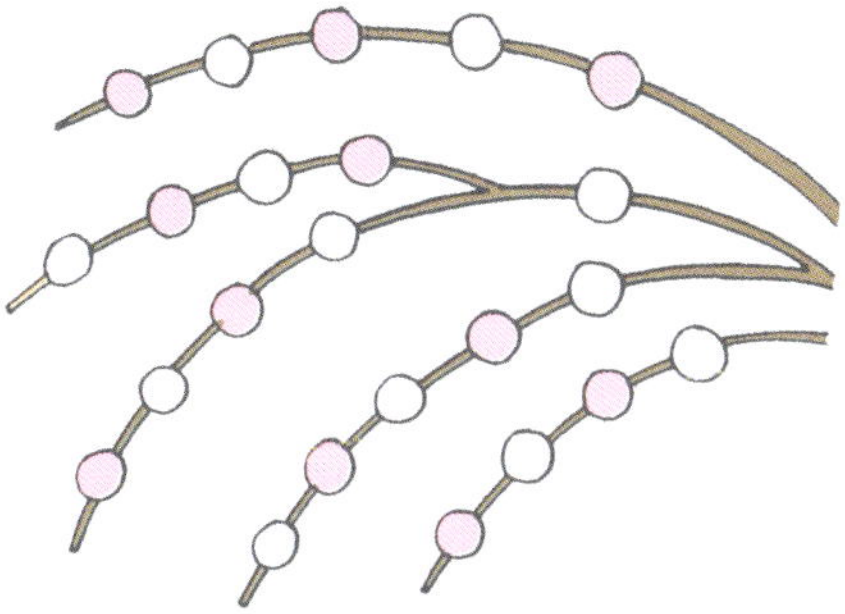

餅花《もちばな》
小さく丸めた餅や団子を、木の枝にさして花のように飾ったものです。餅花は稲の花を表し、豊作の願いがこめられています。

正月飾りや 書き初めを燃やす
左義長《さぎちょう》 ―1月15日―

「左義長」は、小正月にあわせて行われる火祭りで、地域によって「さいと焼《や》き」「どんど焼《や》き」「おんべ焼《や》き」などとも呼ばれます。しめ飾りなどの正月飾りや書き初めなどを、寺社の境内や河原などに持ち寄って燃やします。この煙とともに、年神様は天に帰っていくといわれます。

左義長は、平安時代に宮中で行われていた厄ばらいの儀式に由来するそうです。

左義長の火で焼いた餅やいもを食べると、病気にならないといった言い伝えもあります。

2月

如月 きさらぎ

寒さのため、衣を重ね着することから「衣更着《きさらぎ》」と呼ばれたことに由来するとされます。

季節の花

梅（うめ）

二十四節気

立春 りっしゅん
（2月4日ごろ）

雨水 うすい
（2月19日ごろ）

行事カレンダー

3日ごろ　節分

最初の午の日　初午

8日　事始め／針供養

14日
バレンタインデー

豆まきをして厄をはらう
節分《せつぶん》 2月3日ごろ

「鬼は外、福は内」のかけ声とともに豆をまいて、邪気をはらう行事が「節分」です。節分の起源は、大《おお》晦日《みそか》の晩に、平安時代に宮中で行われていた「追儺《ついな》」といわれます。追儺とは、鬼を災厄や疫病にたとえて、鬼の衣装を着せた者を、弓矢で追いはらう儀式です。これが、室町時代ごろから豆をまくようになり、江戸時代に庶民の間で定着したそうです。

やいかがし

節分の日に、焼いた鰯《いわし》の頭を、柊《ひいらぎ》の枝に刺して、玄関を飾る風習があります。鰯の匂いやヒイラギの棘が鬼を追いはらうとされています。

行事を楽しむコツ

親が鬼役になろう

お父さんやお母さんが鬼役になって、節分を楽しみましょう。豆まきが終わったら、自分の年齢の数の豆を食べるのがしきたりです。

稲荷神社の祭礼が行われる
初午《はつうま》 2月最初の午の日

「初午」とは2月最初の午の日のことで、全国の稲荷神社で祭りが行われます。稲荷神社の本社である、京都の伏見稲荷大社の祭神が、2月最初の午の日に、稲荷山（伏見稲荷神社のご神体）に降臨したとされるのが起源です。

初午の稲荷神社では、赤いのぼりが立てられ、御神酒《おみき》のほか、使いであるきつねが好物の、油あげやお赤飯などがお供えされます。

いなりずしをたくさんつくって家族で一緒に食べると、楽しい初午になります。

行事を楽しむコツ

稲荷神社に行こう

稲荷神社は、全国に約3万社以上あるといわれます。近くに稲荷神社があれば、初午参りに出かけてみましょう。

農作業をはじめ、針仕事を休む日
事始《ことはじ》め／針供養《はりくよう》【2月8日】

お正月をはさんだ12月8日と、2月8日のことを「事八《ことよう》日《か》」といいます。この両日のうちどちらかを「事始め」、もう一方を「事納《ことおさ》め」とするならわしが各地に残っています。

「事」とは、農事や神事、行事などを意味する言葉で、お正月の神事を「事」にすれば12月8日が「事始め」になり、農事を「事」にすれば2月8日が「事始め」になります。

事八日は仕事を休んで静かにすごす日とされ、女性は針仕事を休んで「針供養」を行う日でもありました。

由来

祭神「婆利才女」に由来

針供養は、江戸時代にはじまったとされる行事で、全国の淡島神社に古い針が奉納されます。淡島神社（和歌山県）の祭神である婆利才女《はりさいじょ》の名が針に通じることから、淡島神社と結びついたといわれます。

針供養《はりくよう》

針供養では、折れたり曲がったりした古い針を集めて、豆腐やこんにゃくに刺して寺社に奉納するのがならわしです。

チョコレートを贈って愛を告白
バレンタインデー【2月14日】

「バレンタインデー」は、3世紀のローマで殉教した聖バレンタインに由来するといわれます。当時のローマでは士気が下がるという理由で兵士の結婚が禁止されていましたが、キリスト教の司祭だったバレンタインは、密かに兵士たちを結婚させていました。その罪で捕らえられ、処刑されたのが2月14日だったため、やがて恋人たちが愛を告白する日になったそうです。

日本では女性が男性にチョコレートを贈って愛の告白をする日とされていますが、これは日本独自の風習です。

行事を楽しむコツ

手づくりチョコをつくろう

女の子は、お母さんと一緒にチョコレートを手づくりして、愛情をこめてお父さんに贈りましょう。

子どもには、刻んだチョコレートをボウルに入れて湯せんで溶かす作業などを手伝ってもらうとよいでしょう。

3月

弥生 やよい

草木《くさき》弥生《いやお》い月（草木がいよいよ生い茂る月）」が縮まり「弥生」になったとされます。

季節の花

菜の花（なのはな）

二十四節気

啓蟄 けいちつ
（3月5日ごろ）

春分 しゅんぶん
（3月21日ごろ）

行事カレンダー

3日　桃の節句
5日ごろ　啓蟄
14日　ホワイトデー
21日ごろ　お彼岸

冬眠していた虫たちが目覚める

啓蟄《けいちつ》 ━3月5日ごろ━

「啓」は「戸を開く」、「蟄」は「虫が冬ごもりのため閉じこもる」という意味があります。「啓蟄」とは、二十四節気（116ページ参照）のひとつで、冬ごもりのため、土の下に隠れていた虫やカエルなどの生き物が、春の暖かさを感じて巣穴を開き、地上に出てくることです。啓蟄を迎えると、本格的な春の到来が間近に迫っていることを感じられるでしょう。

啓蟄のころに、家族で野山に出かけて、冬眠からさめた生き物や、草木の芽生えなどを見にいきましょう。

バレンタインデーのお返しを

ホワイトデー ━3月14日━

バレンタインデーの1か月後に、男性が女性にチョコレートのお返しを贈る日が、「ホワイトデー」です。日本だけのイベントで、マシュマロやクッキー、キャンディーなどを贈ることが多いようです。

子どもたちと一緒にお菓子をつくるなら、クッキーの型抜きなど、簡単な作業を手伝ってもらうのがおすすめです。

行事を楽しむコツ

家族でお菓子づくり

この日は、子どもたちと一緒に、お菓子づくりを楽しんでみましょう。

先祖をしのんで、お墓参り

お彼《ひ》岸《がん》 【3月21日ごろ】

春分と秋分の日を中日《ちゅうにち》として、前後3日（合計7日間）のことを「彼岸（お彼岸）」といいます。1年のうちでもっともすごしやすい時期とされ、寺院では「彼岸会《ひがんえ》」と呼ばれる法要が行われます。家庭では、ぼた餅やお団子などを仏壇にお供えしたり、先祖供養のお墓参りを行ったりします。

お彼岸に先祖を供養するという風習は、日本独自のものです。仏教では、阿弥陀如来がすむ極楽浄土は、西の方角にあるとされます。太陽が真西に沈む春分と秋分の日は、極楽浄土とつながると考えられ、お墓参りの風習が生まれたようです。

由来

彼岸とは「悟りの境地」

「彼岸」という言葉は、もともとは仏教用語で「悟りの境地」「悟りの世界」を意味します。これに対し、わたしたちのすむ迷いの世界は「此《し》岸《がん》」と呼ばれます。仏教では、悟りと迷いの関係を川の両岸にたとえて、仏教を開いた釈《しゃ》迦《か》の教えを、川を渡るための舟として表現します。

お墓参りのし方

1. お墓のまわりをきれいに掃除しましょう。草取りをして、落ち葉を掃き、墓石を水で洗います。
2. 花立てに花を活けて、ぼた餅や線香などを供えます。
3. 墓石に水をかけたら、しゃがんで手を合わせて祈ります。故人と縁が深い人から順番に祈るようにします。

4月

卯月《うづき》

卯の花（ウツギ）が咲くころという意味。十二支の４番目が卯《うさぎ》にあたるからという説も。

季節の花

桜（さくら）

二十四節気

清明《せいめい》
（４月５日ごろ）

穀雨《こくう》
（４月20日ごろ）

行事カレンダー

- 1日 エイプリルフール
- 5日ごろ　清明
- 8日　花祭り
- 13日　十三参り
- 20日ごろ　穀雨

軽いいたずらで嘘をついていい日
エイプリルフール ［4月1日］

日本では「四月《しがつ》ばか」ともいわれ、罪のない軽い嘘ならついてもいいとされる日です。イギリスなどでは、嘘をつけるのは、４月１日の午前中までに限られるといわれます。

18世紀ごろにヨーロッパで広まった風習といわれ、日本には江戸時代に中国から伝わったとされます。「エイプリルフール」という言葉が定着したのは大正時代です。

由来

「嘘の新年」のお祭り

エイプリルフールの起源は定かではありませんが、有力な説のひとつに、「嘘の新年」があります。昔、フランスでは、３月25日を新年とし、４月１日まで新年の祭りを開いていましたが、1564年にフランス国王シャルル９世がグレゴリオ暦を採用したため、１月１日が新年となりました。これに反発した人々が４月１日を「嘘の新年」として大騒ぎするようになったのが起源といわれます。

誕生仏《たんじょうぶつ》

誕生仏は、釈迦が誕生したときに、７歩歩いて、右手で天を、左手で地を差したという姿を表しています。

仏教を開いた釈迦の誕生を祝う
花祭《はなまつ》り ［4月8日］

この日は、仏教の開祖である釈迦《しゃか》の誕生日とされ、各地の寺院で「仏《ぶっ》生会《しょうえ》」「灌仏会《かんぶつえ》」「降誕会《こうたんえ》」などの法要が営まれます。この行事が一般的に「花祭り」と呼ばれています。寺院の境内に、花御堂と呼ばれる小さな御堂を設けて、花で飾り、釈迦が降誕した姿を表す誕生仏《たんじょうぶつ》を安置します。参拝客は、誕生仏に甘茶をかけて祝うのがならわしです。

稚児行列《ちごぎょうれつ》

花祭りに合わせて、多くの寺院で、子どもたちのすこやかな成長を願う「稚児行列」が行われます。子どもたちはお化粧をして、冠などのきらびやかな平安装束を身にまとって、境内や街中を練り歩きます。

13歳に成長した子どもが参拝する

十三参《じゅうさんまい》り【4月13日】

「十三参り」は、「智恵《ちえ》もらい」「智恵詣《ちえもうで》」とも呼ばれます。数え年で13歳になった子どもが、両親に連れられて虚空蔵菩薩《こくうぞうぼさつ》に参拝し、智恵を授けてもらう行事です。

関東では一般的ではありませんが、関西では盛んに行われています。江戸時代にはじまったといわれ、京都嵐山の法輪寺《ほうりんじ》に参拝する十三参りがもっとも有名です。

法輪寺にお参りするときは、願いをこめた漢字1文字を奉納したあと、寺の前にある渡月橋《とげつきょう》を振り返らずに渡ります。振り返ると、授かった智恵が失われると言い伝えられています。

行事を楽しむコツ

お花見弁当をつくろう

桜が咲いたら、家族そろって、お花見にでかけましょう。お花見弁当は、子どもの大好物を入れたり、旬の野菜を使って華やかに彩ると、盛り上がるでしょう。

桜の花を鑑賞する行事

お花見《はなみ》【3月下旬～4月】

日本人が桜を愛でるようになり、花見の宴が開かれるようになったのは、平安時代からといわれます。一方、農村部では、花見は春に田の神を迎えるための行事でした。

花見が一般庶民も楽しむ行事となったのは江戸時代からです。ソメイヨシノ（染井吉野）も、江戸時代に品種交配でつくられたそうです。

5月

皐月　さつき

稲の苗である早苗《さなえ》を、田に植える月という意味の「早苗月」が略されたといわれます。

季節の花

菖蒲（しょうぶ）

二十四節気

立夏　りっか
(5月6日ごろ)

小満　しょうまん
(5月21日ごろ)

行事カレンダー

2日ごろ　八十八夜
5日　端午の節句
6日ごろ　立夏
第2日曜　母の日
15日　葵祭
21日ごろ　小満

種まきや茶摘みの最盛期
八十八夜《はちじゅうはちや》【5月2日ごろ】

立春から数えて88日目を、「八十八夜」といいます。「八十八夜の別れ霜」という言葉があるように、このころから農作物が霜で枯れることがなくなり、苗代づくりや種まきなどがはじめられました。

八十八夜のころは、茶摘みの最盛期です。この時期に収穫された茶葉は、やわらかく上質であるとされ、縁起物としても珍重されました。

由来

中国から茶を伝えた栄西

日本に茶が伝わったのは奈良時代といわれていますが、当時はたいへん貴重な飲み物でした。現在の喫茶の習慣につながるお茶は、鎌倉時代に、臨済宗《りんざいしゅう》を開いた僧・栄西《えいさい》が、宋（中国）から茶の種を持ち帰って、日本で育てたのがはじまりといわれます。

行事を楽しむコツ

茶の旨みを引き出そう

茶葉の種類によって、適した湯の温度や蒸らし時間があります。ていねいにお茶をいれて、日本茶本来の甘みや旨みを引き出しましょう。

八十八夜の日には、家族でおいしい日本茶を飲んで、ゆったりとお茶の時間をすごしてみましょう。

日本茶の入れ方

1. 沸騰したお湯を、湯のみに注ぎ、茶葉に適した湯温に下げます。
2. 急須に茶葉を入れます。2～3人分で大さじ2杯がめやすです。
3. 湯のみに注いだお湯を急須に入れて蒸らします。注ぐときは3～4回に分けて、均等につぎ分けます。最後の1適まで注ぎきるのがポイントです。

煎茶《せんちゃ》
湯温は70～80度、蒸らし時間は1～2分。

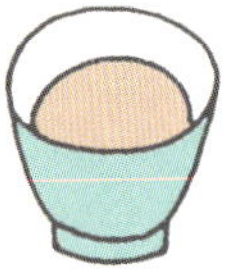

ほうじ茶《ちゃ》・玄米茶《げんまいちゃ》
湯温は100度、蒸らし時間は15～30秒。

母親にカーネーションを贈って感謝を伝える

母《はは》の日《ひ》 ―5月の第2日曜日―

「母の日」は、母親に感謝する日で、20世紀はじめにアメリカではじまりました。アンナ・ジャービスという女性が、母の命日である5月9日に白いカーネーションを教会で配ったことに由来するそうです。これがきっかけとなり、アメリカ全土に母の日の風習が広まり、1914年には、議会で正式に祝日として定められました。

日本には明治時代末に伝わったといわれ、第二次世界大戦後に、一般に広まりました。

行事を楽しむコツ

お母さんに花束を贈ろう

いつも家族のためにがんばってくれているお母さんに、花束を贈って、感謝の言葉を伝えましょう。カーネーション以外に、お母さんの好きな花を贈っても喜ばれます。

王朝絵巻を再現した京都三大祭りのひとつ

葵祭《あおいまつり》 ―5月15日―

「葵祭」は、「祇園祭《ぎおんまつり》」、「時代祭《じだいまつり》」とともに、京都三大祭のひとつとして知られます。起源は古く、社伝によれば飢饉が続いていた6世紀中ごろの欽明《きんめい》天皇の時代に、上賀茂《かみがも》神社と下鴨《しもがも》神社の祭神である「賀茂《かも》の神《かみ》」の祭礼を行って、五穀豊穣（穀物の豊作）を祈ったのがはじまりといわれます。

葵祭の名は、内裏《だいり》神殿の御簾《みす》から牛車にいたるまで、葵の葉や蔦《つた》で飾られたことが由来となっています。

神幸行列《しんこうぎょうれつ》

葵祭のハイライトは神幸行列です。平安時代の貴族の装束をつけた総勢500名以上の行列が、京都御所を出たあと、下鴨神社を経て、上賀茂神社へ向かいます。

6月

水無月 みなづき

酷暑のため「水が枯れる月」が由来とも、田に水を張る「水張り月」が由来ともいわれます。

季節の花

紫陽花（あじさい）

二十四節気

芒種 ぼうしゅ
(6月6日ごろ)

夏至 げし
(6月21日ごろ)

行事カレンダー

1日　衣替え
6日ごろ　芒種
11日ごろ　入梅
第3日曜　父の日
21日ごろ　夏至
30日　夏越の祓

冬服をかたづけて、夏服へ

衣《ころも》替《が》え ━6月1日━

「衣替え」は、平安時代の宮中行事である「更衣《こうい》」に由来します。更衣では、旧暦4月1日に夏装束へ、10月1日に冬装束へ改めました。

江戸時代には、庶民も衣替えをするようになり、春と秋には裏地つきの袷《あわせ》、夏には裏地なしの単衣《ひとえ》、冬には表地と裏地の間に綿を入れた綿入《わたい》れを着るようになりました。現在でも和服は、6月～9月に単衣を、10月～5月に袷を着るのがしきたりです。

子どもたちと一緒に衣替えをして、洋服のたたみ方などを教えるといいでしょう。

「梅雨入り」と呼ばれる雨の時期

入梅《にゅうばい》 ━6月11日ごろ━

「入梅」とは、梅雨《つゆ》に入る最初の日のことで、一般的には「梅雨入《つゆい》り」と呼ばれます。暦の上では6月11日ごろとされますが、実際には、地域によって1か月程度の差が生じ、同じ地域でも年によって異なります。

梅雨の語源は、入梅の時期に青かった梅の実が熟すためといわれています。

行事を楽しむコツ

梅酒をつくろう

入梅の時期は、青梅の収穫の最盛期で、梅酒づくりに最適の時期です。ぜひ梅酒づくりに挑戦してみてください。

子どもたちに、梅のあく抜きやヘタ取りなどを手伝ってもらうと、楽しい梅酒づくりになります。

父親に感謝の言葉と贈り物を
父《ちち》の日《ひ》 【6月の第3日曜日】

「父の日」は、1910年、アメリカのジョン・ブルース・ドット夫人が、母の日が制定されたのを受けて、「父親に感謝する日を」と提唱したのがはじまりです。1972年にはアメリカの国民の休日に制定されました。ドット夫人は、男手ひとつで育ててくれた父親に感謝し、墓前に白いバラを供えたことから、父の日のシンボルはバラになりました。

日本では、1950年ごろから広まりました。贈り物はバラの花束やネクタイ、ベルトなどが多いようです。

行事を楽しむコツ

お父さんに花束を贈ろう

日ごろの感謝をこめて、お父さんにバラの花束を贈りましょう。バラの色は、黄色や赤色など、お父さんの好きな色を選ぶとよいでしょう。

半年の節目の日にけがれをはらう神事
夏《なつ》越《こし》の祓《はらえ》 【6月30日】

半年の節目である6月30日と、1年の節目である大晦日《おおみそか》（12月31日）は、病気や災いのもとになるけがれを取り除く「大祓《おおはらえ》」という行事が行われてきました。このうち、大晦日は「年越《としこし》の祓《はらえ》」というのに対し、6月は「夏越の祓」といいます。

夏越の祓では、日本各地の神社に茅《ち》の輪《わ》が設置されます。茅の輪をくぐると、身が清められ、災厄をまぬがれるとされます。

茅《ち》の輪《わ》

茅の輪は神社の本殿前や鳥居の下に置かれ、くぐるときは左足から踏み入れて、左回り、右回り、左回りの順に8の字に回るのが作法です。

7月

文月 ふみづき

七夕に詩歌を献じたり、書物を夜風にさらしたりする風習が「文月」の由来とされています。

季節の花

百日紅（さるすべり）

二十四節気

小暑 しょうしょ
（7月8日ごろ）

大暑 たいしょ
（7月23日ごろ）

行事カレンダー

7日　七夕
8日ごろ　小暑
第3月曜　海の日
23日ごろ　大暑
28日ごろ　土用の丑の日

短冊を飾った七夕飾りに願いをこめる
七夕《たなばた》【7月7日】

「七夕」は、7月7日の夜に、天の川を渡って1年に1度だけ会うことを許された牽牛星《けんぎゅうせい》（わし座のアルタイル）と、織女星《しょくじょせい》（こと座のベガ）の星伝説あやかって、願いごとを書いた短冊や飾り物を笹竹につるし、軒先に飾る行事です。本来は旧暦に行っていた行事で、現在は新暦で行うことが一般的ですが、東北地方では月遅れの8月7日に行うことが多くなっています。

七夕では、女性は髪を洗ったり、食器を洗ったり、子どもや牛馬は水浴びをするといった風習が各地に残っています。これは、梅雨の間にたまったけがれを水で清めるためです。

また、七夕の翌日には、飾った笹竹や供物などを川に流す「七夕送《たなばたおく》り」が行われていました。これは、災厄を飾りに託して川に流し捨てるという意味があるそうです。

由来

星伝説と乞巧奠、棚機女が結びつく

七夕は、中国古代から伝わった星伝説と、「乞巧奠《きっこうでん》」という風習が、日本古来の伝説「棚機《たなばた》女《つめ》」と結びついた行事です。

七夕の星伝説は、織女星（織姫）と牽牛星（彦星）にまつわる物語です。天帝の娘の織女は、牽牛と結婚しますが、ふたりは仲がよすぎて、織女は機織りを怠けるようになりました。怒った天帝はふたりを天の川の両岸に引き離し、1年のうち七夕の夜にだけ天の川を渡って会うことを許したのです。

乞巧奠は、織女と牽牛の願いがかなう七夕の日にあやかって、女性が裁縫の腕が上達するように願う風習です。このふたつが、日本古来の棚機女（水辺で神の衣を織る乙女）の伝説に結びついて、七夕と呼ばれるようになったそうです。

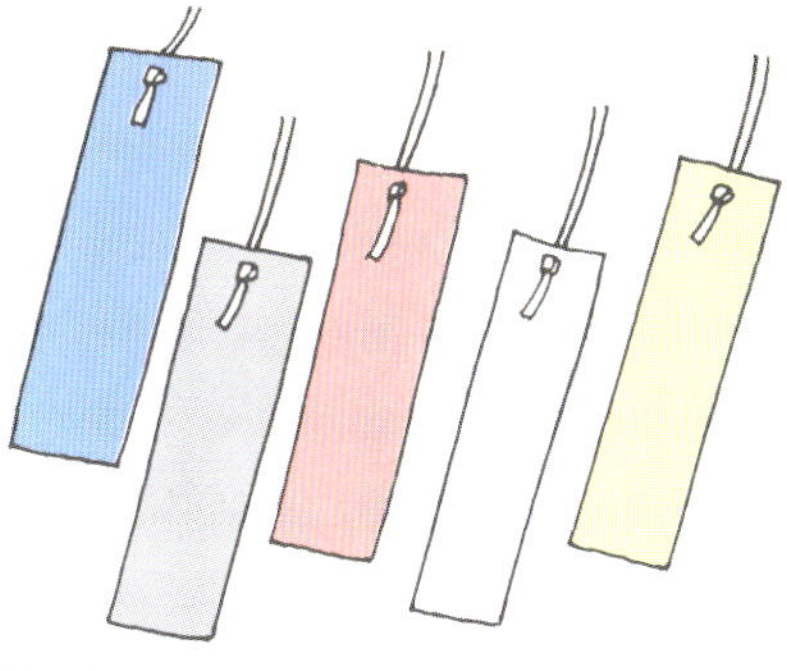

短冊《たんざく》

短冊に願いごとを書いて笹竹に飾る風習は、乞巧奠に由来するといわれ、江戸時代にはじまりました。短冊が青（緑）・赤・黄・白・黒の5色なのは、古代中国の世界観である陰陽《いんよう》五《ご》行説《ぎょうせつ》（140ページ参照）に基づいています。

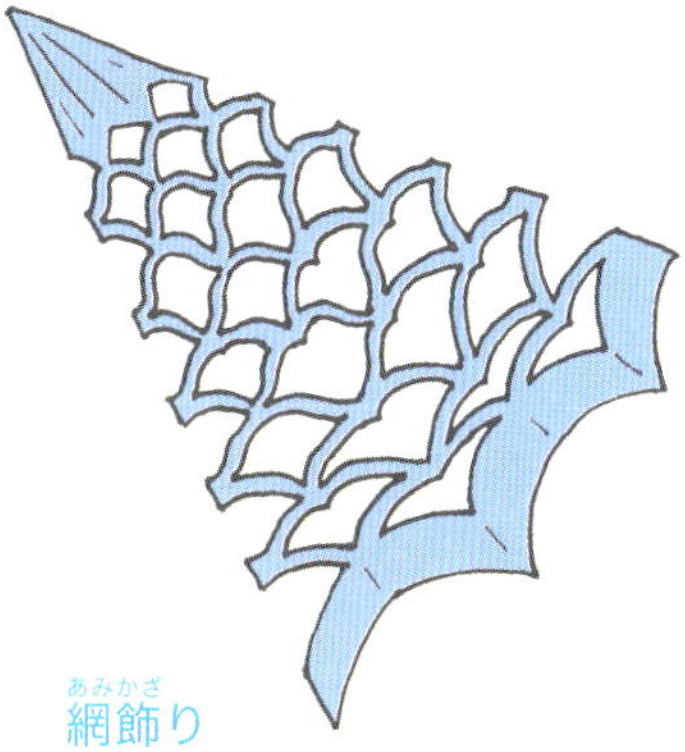

網飾《あみかざ》り

魚を獲る網をかたどったもので、豊漁の願いがこめられています。

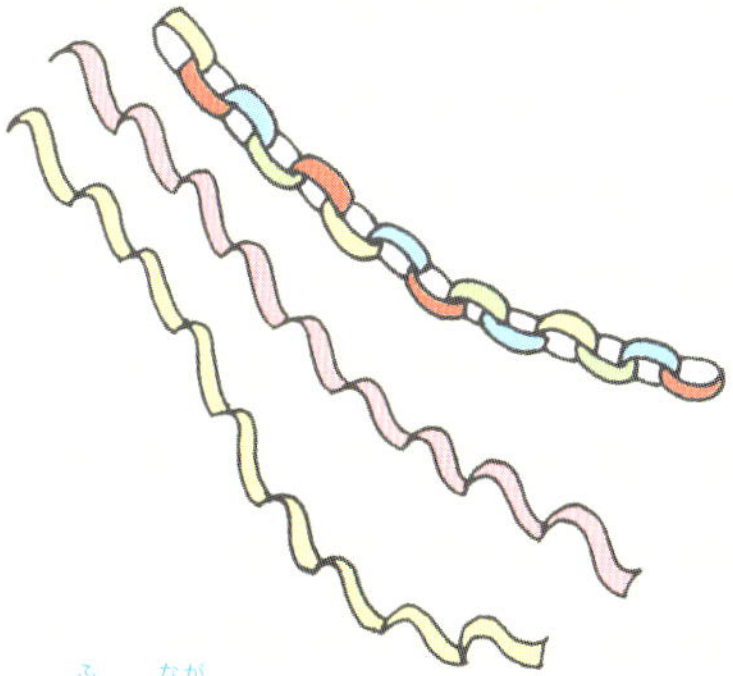

吹《ふ》き流《なが》し

もともとは織女の織糸を表していた飾りで、長寿の願いがこめられています。

行事を楽しむコツ

笹竹を飾って夜空を見よう

笹竹を用意して、家族みんなで飾りつけをし、願いごとを書いた短冊をつるしましょう。夜空を見上げて、こと座のベガや、わし座のアルタイル、天の川などを探して、七夕の星伝説について話すとよいでしょう。

起源は先祖へのお供え物

お中元《ちゅうげん》 【7月15日】

日ごろお世話になっている人へ、感謝をこめて贈る「お中元」は、中国の行事が起源です。中国では、旧暦1月15日を「上元《じょうげん》」、7月15日を「中元」、10月15日を「下元《かげん》」と呼び、これらを「三元節《さんげんせつ》」として、神様にお供え物を捧げて祝うことがならわしでした。

これが日本に伝わって、お盆の習慣と結びつき、実家や親類を訪問するときに、両親や先祖へのお供え物を贈り合うようになったのが、お中元のはじまりといわれます。

お中元は7月のはじめから15日くらいまでに届くように贈りましょう。子どもがいる家庭には、ジュースや菓子などが喜ばれるでしょう。

海の恵みに感謝する

海《うみ》の日《ひ》 【7月第3月曜日】

「海の日」は、1996年に「海の恩恵に感謝するとともに、海洋国日本の繁栄を願う日」として休日に定められました。海の日の由来は、1876年、東北を巡った明治天皇が、青森から横浜に入港したのが7月20日だったことに由来しています。

海の日の時期に、各地の海水浴場で「海開き」が行われます。家族で海水浴に出かけて、夏の海を楽しみましょう。

海で泳いだり、砂浜で遊んだことは、子どもたちにとって夏の大切な思い出になるでしょう。

災厄やけがれをはらう祭り
夏祭《なつまつ》り【7月〜8月】

春祭りや秋祭りは、豊作祈願など、農事に関係するものが一般的ですが、夏祭りは疫病などを広める悪霊をしずめることを目的に、都市で行われることが特徴です。なかでも有名なのが京都八坂《やさか》神社の「祇園祭」です。

祇園祭は、7月1日から約1か月間にわたって続けられ、その間、「宵山《よいやま》」や「山鉾巡行《やまほこじゅんぎょう》」など、さまざまな行事が行われます。祇園祭の起源は、平安時代初期に、疫病退散を願って行われた「御霊会《ごりょうえ》」という行事にさかのぼるといわれます。

祇園祭《ぎおんまつり》

7月17日に行われる山鉾巡行は、祇園祭の最大の見どころのひとつです。「山」や「鉾」と呼ばれる山車《だし》をひきながら、京都市内を練り歩きます。

うなぎを食べて夏バテ対策を
土用《どよう》の丑《うし》の日《ひ》【7月28日ごろ】

土用とは、本来は、立春・立夏・立秋・立冬の前のそれぞれ18日間のことを指し、その初日を「土用《どよう》の入《い》り」と呼びました。

立秋前の土用の入りは、7月20日ごろです。夏の土用は、1年でもっとも暑い時期のため、「丑の日（7月28日ごろ）」に、土用うなぎや梅干しなどを食べて、暑気ばらいをする習慣があります。

ビタミンやたんぱく質を多く含むうなぎは、夏ばて予防に最適です。

由来

しかけ人は平賀源内

土用の丑の日に、うなぎを食べる習慣をつくりだしたのは、江戸時代の蘭学者・平賀源内《ひらがげんない》といわれます。当時、丑の日に「う」の字がつくものを食べると暑気あたりしないという伝承がありました。うなぎ屋から宣伝を依頼された源内は、「本日土用丑の日」という看板を掲げさせ、これが大当たりしたのがはじまりといわれています。

8月

葉月 はづき

木の葉が散りはじめる月という意味で「葉落ち月」と呼ばれたことが由来という説があります。

季節の花

朝顔（あさがお）

二十四節気

立秋 りっしゅう
（8月8日ごろ）

処暑 しょしょ
（8月23日ごろ）

行事カレンダー

8日ごろ　立秋

15日ごろ　お盆

23日ごろ　処暑

先祖の霊を迎えて供養する お盆《ぼん》 ー8月13日〜16日ー

「お盆」は、先祖の霊を迎えて供養する行事で、正式には「盂蘭盆会《うらぼんえ》」といいます。旧暦7月に行う行事でしたが、近年は月遅れの盆として8月に行うのが一般的です。

お盆の一般的なしきたりは、13日の朝に盆棚を設け、その日の夕方に迎え火を焚きます。14日（または15日）に僧を招いて読経などを行い、15日（または16日）に送り火を焚いて先祖をあの世に送り帰します。

由来

釈迦の弟子が母親を供養した日

お盆の正式名称「盂蘭盆会」の語源は、サンスクリット語の「ウランバナ（逆さまに吊るされる苦しみ）」といわれます。釈迦の弟子であった目連《もくれん》が、餓鬼道《がきどう》におちて逆さまに吊るされている母親を救うために、釈迦の教えにしたがって7月15日に供養したという故事がはじまりとされます。このほか、3世紀の西域地方の言語で、死者を意味する「ウルヴァン」が語源という説もあります。

盆棚《ぼんだな》

先祖の霊をもてなすための棚で、「精霊棚《しょうりょうだな》」とも呼ばれ、13日の朝に設けるのが一般的です。仏壇の前に、小机を置いてゴザをしき、仏壇から位牌を移して安置します。灯明、線香のほか、花や水、だんご、季節の野菜や果物などを供えます。霊があの世と往復するための乗り物として、きゅうりやなすに割りばしで足をつけた牛や馬が置かれます。

迎《むか》え火《び》

13日の夕方、先祖の霊が道に迷わないように、迎え火を焚きます。迎え火は、家の門前で素焼の皿の上におがら（麻のくき）を燃やすのがならわしです。火を焚くのが難しい場合は、菩提寺や墓前で盆提灯《ぼんぢょうちん》に火を灯して、家に持ち帰って飾ることもあります。

行事を楽しむコツ

なすの牛、きゅうりの馬をつくろう

つくり方は簡単。なすやきゅうりに短く切った割りばしをさして、4本足にするだけです。一緒につくって、先祖の霊が行き帰りする乗り物であることを話しましょう。

帰ってきた霊を供養するための踊り

盆《ぼん》踊《おど》り 【8月15日ごろ】

「盆踊り」は本来、お盆に帰ってきた祖先の霊を迎えた喜びを表し、霊をなぐさめて、あの世へ無事に送り帰すための仏教行事でした。盆踊りの起源は、鎌倉時代に僧・一遍《いっぺん》が広めた「踊念仏《おどりねんぶつ》」とされ、江戸時代以降に庶民の間で盛んに踊られるようになりました。現在も、阿波《あわ》おどり（徳島県徳島市）や、郡上《ぐじょう》おどり（岐阜県郡上市）をはじめ、日本各地で盆踊りが行われています。

家族みんなで浴衣を着て盆踊りに参加すると盛り上がるでしょう。

行事を楽しむコツ

盆踊り大会に参加しよう

盆踊りの会場は夜店でにぎわうことが多く、花火大会も同時に開かれることがあります。住んでいる地域で盆踊り大会があれば、ぜひ家族で参加して、夏の夜を楽しみましょう。

無事に霊をあの世へ帰すためのあかり

送《おく》り火《び》 【8月15〜16日】

お盆の最後である15日の夕方か16日の早朝には、先祖の帰り道を照らすために、送り火を焚きます。迎え火と同じ場所でおがらを焚くのがならわしで、先祖が無事にあの世に帰れるように願います。

大文字焼きで有名な、京都の「五山送り火」も、お盆の送り火です。起源は平安時代とも江戸時代ともいわれ、京都の夏の夜を彩ります。

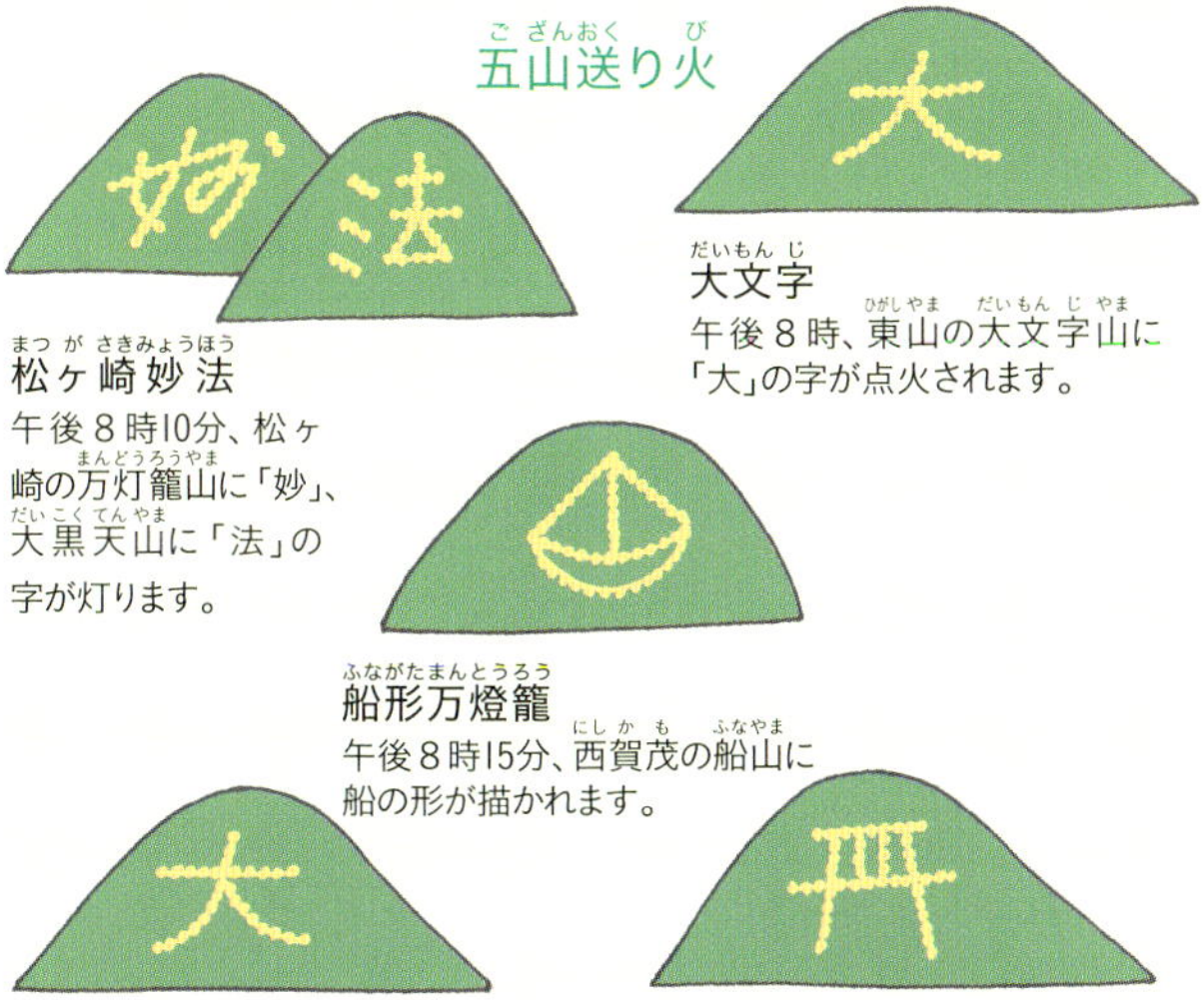

五《ご》山《ざん》送《おく》り火《び》

松《まつ》ヶ《が》崎《さき》妙法《みょうほう》
午後８時10分、松ヶ崎の万灯籠山《まんどうろうやま》に「妙」、大黒天山《だいこくてんやま》に「法」の字が灯ります。

大文字《だいもんじ》
午後８時、東山《ひがしやま》の大文字山《だいもんじやま》に「大」の字が点火されます。

船形万燈籠《ふながたまんとうろう》
午後８時15分、西賀茂《にしかも》の船山《ふなやま》に船の形が描かれます。

左大文字《ひだりだいもんじ》
午後８時15分、京都西部の大《おお》北山《きたやま》に「大」の字が灯されます。

鳥居形松明《とりいがたたいまつ》
午後８時20分、嵯峨の曼荼羅《まんだら》山《やま》に鳥居の形が描かれます。

9月

長月　ながつき

日ごとに夜がだんだん長くなる「夜長月《よながつき》」が略されたのが起源とされます。

季節の花

彼岸花（ひがんばな）

二十四節気

白露　はくろ
(9月8日ごろ)

秋分　しゅうぶん
(9月23日ごろ)

行事カレンダー

8日ごろ　白露
9日　重陽の節句
第3月曜　敬老の日
23日ごろ　秋分

無病息災を祈願する「菊の節句」

重陽《ちょうよう》の節句《せっく》【9月9日】

中国では古くから奇数を陽数と呼び、縁起がよい数としてきました。9月9日は一桁のうち最大の陽数が重なるため重陽と呼ばれ、特別に縁起がよい日として、菊の花を浮かべた菊酒を飲んで長寿を願う風習がありました。これが日本に伝わり、平安時代に宮中で「観菊《かんぎく》の宴《うたげ》」を催すようになり、江戸時代には「菊の節句」として、庶民も祝うようになりました。

被綿《きせわた》

重陽の節句の前夜に、菊の花に綿をかぶせて、翌朝に露と香りが移ったその綿で肌をぬぐうと、長生きできるといわれています。

行事を楽しむコツ

菊の花見をしよう

重陽の節句の時期には、各地で菊祭りや菊人形展が開かれます。菊の花見に出かけてみましょう。

祖父や祖母の長寿を祝う

敬老《けいろう》の日《ひ》【9月の第3月曜日】

「敬老の日」は、お年寄りの長寿を祝い、感謝する日で、1966年に国民の祝日に制定されました。

聖徳太子《しょうとくたいし》が、身寄りのない老人や病人のための施設として、四天王寺に「悲田院《ひでんいん》」を建てたのが、9月15日だったというのが起源のひとつとされています。

行事を楽しむコツ

孫からお祝いを贈ろう

祖父母がいる家庭では、似顔絵を贈ったり、宴席を設けたりして、お祝いをしましょう。

十五夜の満月を愛でる

十五夜《じゅうごや》 【9月中旬～下旬】

日本では、旧暦8月15日の夜を「十五夜」と呼び、お月見をするならわしがありました。旧暦では7月を「初秋」、8月を「中秋」、9月を「晩秋」と呼ぶため、十五夜の月は「中《ちゅう》秋《しゅう》の名月《めいげつ》」と呼ばれます。

十五夜のお月見では、「秋の七草」のすすきなどを飾って、月見だんごや里いもなどを供えます。その起源は平安時代の宮中で行われていた「観月《かんげつ》の宴《うたげ》」といわれます。秋の収穫がはじまる時期のため、お月見には収穫を祝う意味もこめられています。

地域によって違いますが、月見だんごは三方の上に15個積み上げます。お月見が終わったら、家族でおいしく食べましょう。

秋《あき》の七草《ななくさ》

秋を代表する7種の草花を、秋の七草と呼びます。はぎ、おばな（すすき）、くず、なでしこ、おみなえし、ふじばかま、ききょうのことで、『万葉集』にも詠《よ》まれています。

はぎ

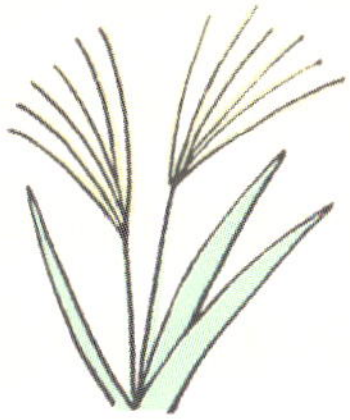

おばな（すすき）

くず

なでしこ

おみなえし

ふじばかま

ききょう

10月

神無月 かんなづき

全国の神々が出雲大社に集まり、各地の神々が不在になるという信仰が由来とされます。

季節の花

秋桜（コスモス）

二十四節気

寒露 かんろ
（10月8日ごろ）

霜降 そうこう
（10月23日ごろ）

行事カレンダー

8日ごろ　寒露

20日ごろ　恵比須講

23日ごろ　霜降

31日　ハロウィン

十五夜とあわせて行うお月見

十三夜《じゅうさんや》 ー10月中旬ー

旧暦9月13日の夜を「十三夜」と呼び、十五夜とあわせて、お月見をするならわしがあります。「名残《なごり》の月《つき》」「後《のち》の月《つき》」とも呼ばれます。

お月見を、十五夜や十三夜の片方だけしかしないことを「片見月《かたみつき》」といい、避けるべきとされました。

十三夜では、塩ゆでした枝豆や栗を供えることから「豆名月《まめめいげつ》」「栗名月《くりめいげつ》」とも呼ばれました。

七福神のひとり、恵比須様をまつる行事

恵比須講《えびすこう》 ー10月20日ごろー

商売繁盛、豊漁、五穀豊穣の神として信仰される恵比須様をまつる行事が「恵比須講」です。「恵比寿講」「夷講」「戎講」など、さまざまな表し方があります。商家の人が商売繁盛を恵比須様に願う祭りで、関東では1月20日と10月20日に、関西では1月20日に行われることが多いようです。

由来

留守番で居残る恵比須様

旧暦10月は、日本中の神々が出雲大社に集まる月で、恵比須様だけは留守番のために居残るとされています。この恵比須様をなぐさめるためにはじまったのが恵比須講といわれます。

恵比須様は、右手に釣竿、左手に鯛《たい》をかかえる七福神のひとりです。

晩秋の紅葉の美しさを楽しむ

紅葉《もみじ》狩《が》り ―10月中旬～11月―

晩秋に山野を散策し、紅葉を鑑賞することを「紅葉狩り」といいます。桜の花見と同じように、古くから宮廷貴族に親しまれ、その美しさが和歌などに詠《よ》まれてきました。紅葉狩りの習慣が庶民の間に広まったのは江戸時代以降といわれます。

紅葉狩りの名所としては、京都の嵐山や箱根、日光、奥入瀬渓谷、宮島などがとくに知られています。

行事を楽しむコツ

紅葉する樹木を調べよう

紅葉する樹木はいろはもみじやいちょうなどが有名ですが、ほかにもさまざまな種類があります。携帯用の植物図鑑を手に、紅葉する樹木の種類を調べながら散策しても楽しいでしょう。

悪魔や魔女の仮装で楽しめる

ハロウィン ―10月31日―

ハロウィンは欧米の行事で、キリスト教の聖人と殉教者をまつる「万《ばん》聖節《せいせつ》」の前夜に行われます。起源は古代ケルト人の慰霊祭といわれます。

古代ケルト人にとって、10月31日は先祖の霊が家を訪ねてくる日であるのと同時に、悪霊や魔女がやってくる日でもありました。先祖の霊だけを家に導いて、悪霊や魔女を追い払うために、魔除《まよ》けの炊き火をしたり、仮面をかぶって身を守ったりしていたといいます。これがもとになり、ハロウィンで仮装をするようになったそうです。

ハロウィンでは、子どもたちは魔女やおばけの仮装をして、近所の家々を訪ねてお菓子をもらうのがならわしです。

11月

霜月《しもつき》

霜が降る月という意味の「霜降り月」が略されたという説が有力とされています。

季節の花

山茶花（さざんか）

二十四節気

立冬《りっとう》
（10月8日ごろ）

小雪《しょうせつ》
（11月22日ごろ）

行事カレンダー

3日　文化の日
7日ごろ　立冬
15日　七五三
22日ごろ　小雪
23日　新嘗祭

文化を楽しむ祝日
文化《ぶんか》の日《ひ》 【11月3日】

この日は、明治天皇の誕生日にあたり、明治時代には「天長節《てんちょうせつ》」と呼ばれていました。１９４８年に「自由と平和を愛し、文化をすすめる」日として、「文化の日」が国民の祝日として制定されました。この日は、ゆっくり読書をしたり、好きな絵を描いてみたりして、文化の日ならではのすごし方をしてみましょう。

行事を楽しむコツ
博物館や美術館に行こう
文化の日には、家族で博物館や美術館に出かけて、科学や芸術を身近に感じてみましょう。入館料が無料になる施設もあるので、調べてみるとよいでしょう。

亥の子餅を食べて
その年の収穫を祝う
亥《い》の子《こ》 【11月の亥の日】

「亥の子」は、旧暦10月の亥の日に行われる祭りで、西日本で盛んに行われています。もともとは、多産な亥《いのしし》（猪）にあやかって、子孫繁栄を願う古代中国の儀式でしたが、日本では稲刈りの時期に重なるため、収穫を祝う祭りとして広まりました。

亥の子では、収穫した新米で亥の子餅をつくり、田の神様に供え、家族で食べるのがならわしです。

亥の子餅は、大豆、小豆、ささげ、胡麻、栗、柿、糖を混ぜた餅で、亥の日の亥の刻（午後10時ごろ）に食べると、病気にならないといわれます。

開運招福の熊手が人気

酉《とり》の市《いち》 【11月の酉の日】

日本各地の鷲《おおとり》神社や大鳥《おおとり》神社で行われる、開運招福や商売繁盛を願う祭りに立つ市が「酉の市」です。11月最初の酉の日を「一《いち》の酉《とり》」、次を「二《に》の酉《とり》」、その次を「三《さん》の酉《とり》」といい、神社の参道には多くの露店が並び、縁起物の熊手が売り出されます。

酉の市は、東京都足立区花畑の大《おお》鷲《とり》神社ではじまったといわれ、現在は東京都の浅草にある長国寺《ちょうこくじ》の鷲大《おおとりだい》明神《みょうじん》の酉の市が有名です。

由来

熊手は掃除道具が変化した縁起物

酉の市名物の熊手は、おかめ（おたふく）や打ち出の小槌、小判、鯛《たい》、金俵など、あらゆる縁起物で飾られています。熊手は、もともとゴミを集める掃除道具でしたが、やがて装飾が施されることによって「福をかきこむ」縁起物に変化していきました。

熊手《くまで》

買った熊手は玄関や神棚に飾るのが一般的です。

行事を楽しむコツ

値引き交渉に挑戦

熊手を買うときは、毎年少しずつ大きなものを買うとよいとされます。また、安く購入すると縁起がよいといわれているので、熊手商との値引き交渉を楽しみましょう。

田の神様に餅を供えて収穫を感謝する

十日夜《とおかんや》 【11月下旬】

「十日夜」は、旧暦10月10日に、東日本を中心に行われる収穫祭です。この日は、田の神様が山に帰る日とされ、稲の収穫に感謝し、翌年の豊作を祈って餅やぼた餅などをお供えします。地域によっては、田の神様の化身である案山子《かかし》を田から自宅の庭先に移してまつる「案山子上げ《かかしあげ》」が行われます。

また、宮中では、11月23日に「新《にい》嘗祭《なめさい》」が行われます。天皇がその年の新穀《しんこく》（初穂《はつほ》）を神様に捧げ、自らも食べて収穫に感謝する重要な行事です。この日は「勤労感謝の日」として、国民の休日に定められています。

昔は、新嘗祭が終わるまで、その年の新米を食べないことがならわしでした。新嘗祭のあと、感謝の気持ちをこめて、新米のご飯を食べましょう。

12月

師走《しわす》

年末は慌ただしいため、師（僧）も走り回る、という意味でつけられたという説が一般的です。

季節の花

ポインセチア

二十四節気

大雪《たいせつ》
（12月7日ごろ）

冬至《とうじ》
（12月22日ごろ）

行事カレンダー

7日ごろ　大雪
13日　正月事始め
22日ごろ　冬至
25日　クリスマス
31日　大晦日

すすはらいでお正月を迎える準備を

正《しょう》月《がつ》事《こと》始《はじ》め ━12月13日～━

正月を迎える準備をはじめる日が、「正月事始め」です。この日は、年神様を迎えるために、家の内外を掃き清める「すすはらい」を行うのがしきたりです。江戸時代、12月13日は、江戸城を大掃除する「御《お》煤《すす》納《おさ》め」の日と定められており、これが庶民の間に広まったといわれます。

すすはらい

現在でも、お寺や神社などでは、12月13日にすすはらいと称して、仏像や天井などのほこりをはらいます。家庭や会社では、年末の大掃除として引き継がれています。家族みんなで家の中をすみずみまできれいにして、気持ちよく新年を迎えましょう。

行事を楽しむコツ

早め早めに準備を

年末年始は慌ただしくなりがちです。余裕のあるお正月を迎えるために、年賀状や正月飾りの準備などを、正月事始めの日から進めておくとよいでしょう。

お世話になった人へ感謝をこめて贈る

お歳《せい》暮《ぼ》 ━12月中旬━

お世話になっている人に、1年の感謝をこめて贈るのが「お歳暮」です。もともとは、お正月に先祖の霊を迎えるためや、両親の健康を願って米や魚などを、子が親元に持ち寄った習慣から発展したものといわれます。昔は塩鮭や数の子などの正月用品を贈っていましたが、現在は、日持ちがする菓子や食品などを贈ることが一般的です。

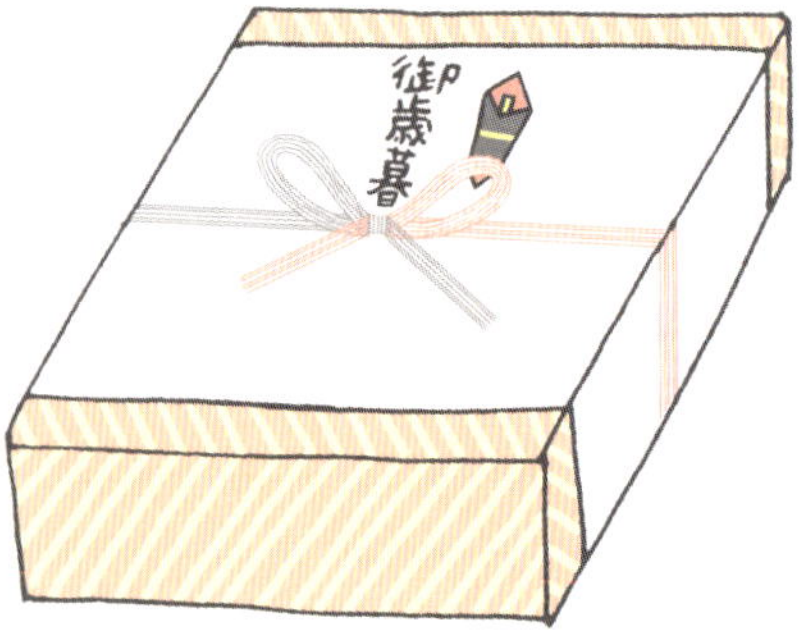

お歳暮は、12月中旬から25日までに届くように贈ります。デパートなどから配送する場合は、あいさつ状を別送するとていねいでしょう。

1年のうち昼間がもっとも短くなる日

冬至《とうじ》 ―12月22日ごろ―

「冬至」は1年で一番昼が短い日です。古代中国では、暦がはじまる日とされ、皇帝が天をまつる「冬至《とう じ》節《せつ》」という儀式が行われていました。この日から日照時間が長くなるため、「一陽来復《いちようらいふく》（冬が終わり春が来る）」と呼んで祝ったといいます。

日本では、冬至の日に無病息災を願い、かぼちゃや小豆粥などを食べるならわしがあります。また、この日にゆず湯に入ると、その冬は風邪を引かないといわれます。

小豆粥《あずきがゆ》

小豆の赤い色は、邪気をはらう色であるため、冬至の日に、小豆粥が食べられるようになりました。また、小豆とかぼちゃを一緒に煮たいとこ煮を食べる地域もあります。

行事を楽しむコツ

ゆず湯に入ろう

体調を崩しやすい寒い冬を乗りきるために、家族でゆず湯に入りましょう。ゆずは半分に切ったり、輪切りにしてお湯に浮かべます。肌が敏感な人は、輪切りにして熱湯で20分ほど蒸らしたゆずを、目の粗い袋に入れて絞り、その汁と袋を浴槽に入れるとよいでしょう。

冬至《とうじ》かぼちゃ

冬至の日にかぼちゃ料理を食べる風習を「冬至かぼちゃ」「冬至唐茄子《とうじとうなす》」などといいます。冬の時期は新鮮な野菜が少ないため、保存の利くかぼちゃを食べて、栄養を補っていたのです。

ゆず湯《ゆ》

冬至の日に入るゆず湯は、体調を崩しやすい季節の節目に、身を清めて、体調維持をはかるためのならわしで、江戸時代にはじまりました。

日本に定着した
キリストの誕生を祝う祭り

クリスマス —12月中旬—

イエス・キリストの誕生日を祝うクリスマスは、日本では、家族や恋人にプレゼントを贈ったり、クリスマス料理を楽しんだりするイベントとして定着しています。

欧米などのキリスト教国では、現在も重要な宗教行事として、前夜のイブから教会などで礼拝が行われます。

由来

キリストの誕生日はわかっていない

クリスマスは、キリストの誕生日とされますが、『新約聖書』にそのことは書かれていません。キリストの誕生日が12月25日に決まったのは4世紀ごろといわれます。また、キリストが生まれた年は、西暦がはじまる最初の年とされ、紀元前は「キリスト以前」という意味のB.C（Before Christ）が使われますが、実際に生まれた年は紀元前7～4年といわれます。

クリスマスツリー

永遠の生命を象徴することから、冬の間も緑を保つ、モミの木などの常緑樹が使われます。ツリーの先端に飾る星は、キリスト誕生を知らせた「ベツレヘムの星」を表しています。起源は中世のドイツで、19世紀中ごろから世界中に広まりました。

クリスマスリース

赤い実をつけるセイヨウヒイラギを使ったリースです。柊《ひいらぎ》の棘は、キリストが十字架にかけられたときにかぶせられたいばらの冠を、赤い実はキリストの血を象徴するとされます。家の中を守る魔《ま》除《よ》けとして、玄関などに飾ります。

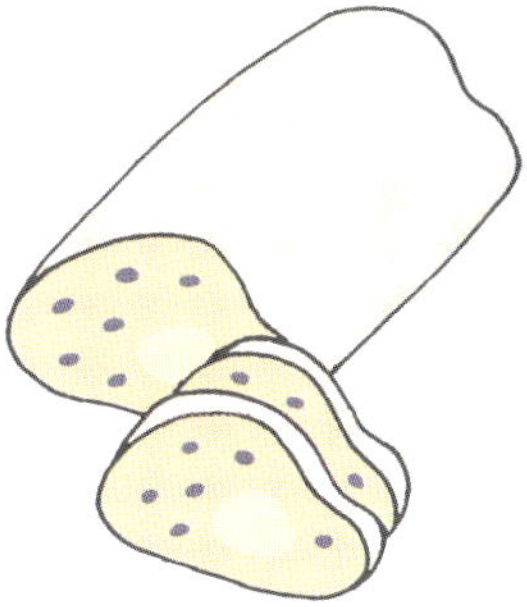

シュトーレン

ドイツ発祥のクリスマス菓子で、ドライフルーツやナッツが練りこまれています。クリスマスの4週間前の日曜日から、少しずつスライスして食べる習慣があります。

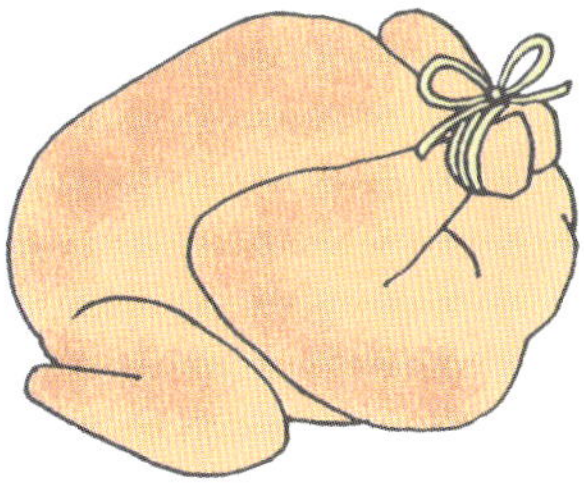

七面鳥《しちめんちょう》

アメリカで感謝祭のごちそうとして知られる七面鳥の丸焼きは、クリスマス料理としても定番です。日本ではローストチキンを食べることが一般的です。

ブッシュ・ド・ノエル

薪や切り株の形をしたフランス発祥のクリスマスケーキで、フランス語でブッシュは「木、丸太」、ノエルは「クリスマス」を意味します。

由来

サンタクロースのモデルは聖人ニコラス

サンタクロースは、４世紀にトルコにいた聖人ニコラスが起源といわれます。ニコラスには、貧しい娘たちの家に窓から、こっそりお金を投げ入れて救ったという伝説があり、この話がもとになってサンタクロースが生まれたそうです。

行事を楽しむコツ

プレゼントの渡し方はサプライズで

子どもたちが心待ちにしているクリスマスプレゼント。寝ている枕元に置いたり、お父さんがサンタクロースの衣装を着て渡したりするなど、子どもが喜ぶ渡し方を工夫してみましょう。キリスト教国では、プレゼントはクリスマスツリーの下に置くのが決まりです。

しめ飾りや門松などの正月用品をそろえる

年《とし》の市《いち》 ー12月中旬〜下旬ー

12月中旬から、寺院や神社の門前や境内に「年の市」が立ちます。「暮市《くれいち》」「節季市《せっきいち》」とも呼ばれます。しめ飾りや羽子板、おせち料理用の食材などの正月用品のほか、桶やほうき、まな板などの家庭用品も売られます。

江戸時代、江戸の浅草寺《せんそうじ》で開かれた年の市がもっとも有名で、現在は「羽子板市《はごいたいち》」として知られています。このほか、鎌倉の長谷寺《はせでら》や、京都の錦市場《にしきいちば》などの年の市が有名です。

羽子板市《はごいたいち》
浅草寺の年の市は、現在、羽子板市として引き継がれています。境内には50軒ほどの羽子板を売る露店が並び、羽子板を購入すると、三本締めをしてくれます。

遅くとも28日までに終わらせる

餅《もち》つき ー12月25日ごろー

正月に飾る鏡餅は、年神様へのお供え物であり、鏡餅をつくことは神聖な行事でした。昔は、臼《うす》にしめ縄を張り、臼の下には塩で清めた藁《わら》をしいて餅をついたといわれます。

餅つきは、28日までに終わらせるのがしきたりで、29日につくのは苦《く》餅《もち》、31日につくのは一夜餅《いちやもち》といって、縁起が悪いとされています。関東では角餅、関西では丸餅にするのが一般的です。

住んでいる地域で年末の餅つき大会などがあれば、子どもと一緒に参加してみましょう。

新年を迎える前の、1年の最後の日

大晦日《おおみそか》 ━12月31日━

「晦日《みそか》」とは、毎月の最後の日のことで、1年の最後の日を「大晦日」と呼ぶようになりました。晦日を「つごもり」と呼び、大晦日を「大つごもり」と呼ぶこともあります。

大晦日には、正月に年神様を家に迎えるために、身を清め、家の中や神棚を掃除するならわしがあります。

除夜《じょや》の鐘《かね》

大晦日の夜のことを「除夜《じょや》」といいます。寺院では、夜中の12時をはさんで鐘を108回ついて新年を迎えます。108という数は、人間の心を悩み苦しませる煩悩の数が108種あるとする、仏教の考え方にもとづくといわれています。

行事を楽しむコツ

家族でゆっくりすごそう

大晦日の夜は、早めに掃除などを終わらせましょう。そのあと家族そろってゆっくり年越しそばを食べ、1年の無事を感謝し、新年の幸せを願いましょう。

由来

新年は大晦日の夜からはじまる

旧暦では、1日は日没からはじまるとされていました。このため、新年は大晦日の夜からはじまるとされ、大晦日の晩に「年取膳《としとりぜん》」と呼ばれるごちそうを用意し、家族で食事をして、一晩中眠らずに年神様を待つことがならわしでした。大晦日に早寝をすると、白髪やしわが増えるといった言い伝えもあります。

年越《としこ》しそば

大晦日の夜にそばを食べる風習は、江戸時代にはじまったとされ、細く長く伸びるそばにちなんで、寿命が長くなるように縁起をかついだものといわれます。夜中の12時をすぎる前に食べるのがしきたりです。関西では「つごもりそば」と呼ばれます。

旧《きゅう》暦《れき》と二《に》十《じゅう》四《し》節《せっ》気《き》

日本古来の行事には、旧暦や二十四節気に合わせて行われるものが今も数多くあります。

太陽の運行を基準にした二十四節気

現在の日本で使われている暦は、太陽の運行を基準にした「太陽暦」です。しかし、明治時代初期まで、月の満ち欠けをもって1か月とする「太陰太陽《たいいんたいよう》暦《れき》」が使われていました。太陽暦を「新暦」と呼ぶのに対し、太陰太陽暦は「旧暦」と呼ばれます。月の満ち欠けは平均29・5日なので、1年が354日になります。この誤差は、閏月《うるうづき》などで調整していました。しかし、旧暦だけでは正確な季節の変化を知ることができません。このため考え出されたのが「二十四節気」なのです。

二十四節気は、地球が太陽のまわりを回る1年を24に区分して、「春分」や「秋分」など、季節を表す言葉をつけたものです。農村では、二十四節気を基準にして、種まきや収穫などを行うようにしてきました。

新暦への移行で「月遅れ」の行事を行う地域も

新暦への移行は、旧暦の明治5年12月3日を、新暦の明治6年1月1日と変更することではじまりました。

このため、旧暦よりも1か月ほど季節が早くなり、桃の節句に桃の花は咲かず、七夕の夜には梅雨の雨が降っていることになったのです。

そこで、地域によっては、特定の行事を1か月遅らせて「月遅れ」で行う工夫がされてきました。例えば「お盆」は、本来旧暦の7月15日に行うものですが、現在は、これを「月遅れ」にして8月15日に行うことが一般的です。しかし農村部などでは、現在も旧暦で行事を行っているところが少なくありません。日本は、旧暦と新暦がともに生き続けているのです。

二十四節気

1月
小寒（しょうかん）6日ごろ
大寒（だいかん）20日ごろ

2月
立春（りっしゅん）4日ごろ
雨水（うすい）19日ごろ

3月
啓蟄（けいちつ）5日ごろ
春分（しゅんぶん）21日ごろ

4月
清明（せいめい）5日ごろ
穀雨（こくう）20日ごろ

5月
立夏（りっか）6日ごろ
小満（しょうまん）21日ごろ

6月
芒種（ぼうしゅ）6日ごろ
夏至（げし）21日ごろ

7月
小暑（しょうしょ）8日ごろ
大暑（たいしょ）23日ごろ

8月
立秋（りっしゅう）8日ごろ
処暑（しょしょ）23日ごろ

9月
白露（はくろ）8日ごろ
秋分（しゅうぶん）23日ごろ

10月
寒露（かんろ）8日ごろ
霜降（そうこう）23日ごろ

11月
立冬（りっとう）7日ごろ
小雪（しょうせつ）22日ごろ

12月
大雪（たいせつ）7日ごろ
冬至（とうじ）22日ごろ

子どものおつきあいとマナー
知っておきたい行事の基本

子どもが招待する行事❶
お誕生会

お母さんどうしでルールを相談

子どもが幼稚園や保育園に通いはじめると、お誕生会を開いたり、お友だちのお誕生会に招待されたりといった機会が増えてきます。

お誕生会に特別なルールはありませんが、幼稚園・保育園児の場合は、お母さんが同伴するのが基本です。また、プレゼントを用意するかどうかなど、お母さんたちどうしで事前に相談しておきましょう。

はじめてお誕生会を開くお母さんは、戸惑うことが多いと思いますが、子どもが楽しめるように、できるだけ工夫してあげましょう。

お誕生会までのスケジュール

1か月前 招待するお友だちを決めます。

▼

3週間前 日時を決めて、招待状を出します。

▼

2週間前 飾りつけ用品を購入し、当日のパーティー料理のメニューを決めます。

▼

前日 部屋を飾りつけして、料理の準備をします。

お誕生会を開く準備は、1か月ほど前からはじめましょう。まず、招待するお友だちを決めますが、はじめて開く場合は、無理をして多く呼ばずに、3～5組の親子を招待するくらいがよいでしょう。バースデーケーキを用意する場合は、お店に早めに予約しておきます。

お誕生会の盛り上げ方

お誕生会は、厳密なタイムスケジュールに沿って進行するものではありませんが、記念撮影やプレゼントを渡す時間などは、あらかじめ考えておくとよいでしょう。子どもに内緒でバースデーケーキを登場させるなど、サプライズ演出をしても、思い出に残る会になります。また、子どもたちが一緒に遊べるようなゲームを用意しておくと、さらに盛り上がるでしょう。

お誕生会の流れ

招待客がそろったら、主役の子のお母さんから、お礼のあいさつをします。このとき記念撮影をしてもよいでしょう。

▼

みんなでパーティー料理を楽しみます。

▼

バースデーケーキの登場です。みんなで「ハッピーバースデー」を歌い、主役の子がろうそくの火を吹き消します。

▼

主役の子にプレゼントを渡します。

▼

みんなでゲームなどをして遊びます。

▼

終了の時間になったら、主役の子とお母さんが、お礼のあいさつをします。おみやげは本来必要ありませんが、お菓子などを包んで渡してもよいでしょう。

バースデーケーキのろうそくの火を吹き消した直後が、プレゼントを渡すのに最高のタイミングです。ケーキは切り分けて、みんなで食べましょう。

お誕生会に招待されたとき

子どもがお友だちのお誕生会に招待されたときは、まず、その子のお母さんに、電話で返事をしましょう。欠席する場合は、理由をしっかり説明し、おわびをします。プレゼントを持参するかどうかなどは、招待されたお母さんたちと相談しておきましょう。プレゼントを準備する場合は、幼稚園・保育園児なら500円程度が金額のめやすです。

プレゼントは、男の子ならミニカー、女の子ならかわいらしくラッピングしたビーズアクセサリーなどが喜ばれるでしょう。

子どもが招待する行事❷ 発表会

習いごとの成果を披露する「発表会」

ピアノやバレエなど、子どもがこれまで一生懸命練習してきた習いごとの成果を披露する場が発表会です。お母さんやお父さんは可能な限り参加して、どんな結果であっても子どもががんばった事実をほめてあげてください。

発表会では、同じ教室のお友だちも発表することがほとんどです。発表する前やあとに時間があれば、お友だちの発表もちゃんと見るのが礼儀です。

お父さんやお母さんは、自分の子どもの発表姿を応援したり撮影したりするときに、周囲に迷惑をかけないように注意しましょう。

とくに女の子は、発表会用のドレスを着ることを楽しみにしています。お母さんは、一緒に衣装選びをしましょう。

発表会鑑賞のマナー

- お友だちの発表に拍手を送る。
- 発表の途中に会場を出入りしない。
- 私語をつつしんで、静かに鑑賞する。
- 携帯電話の電源を切っておく。
- 会場のルールにしたがって行動する。

発表会への招待方法

子どもの発表会に招待するのは、基本的には親族や親しいお友だちだけです。招待状を送る場合は、まず電話などで相手の意向を確認したあとに出しましょう。招待状は、「ご都合がよろしければ」「お時間に余裕があれば」といった言葉を添えて、控えめな文面にするのが礼儀です。

お友だちを招待する場合は、同伴する親の分も含めて招待状は2枚以上渡すようにします。

発表会へ招待するときのマナー

- 無理に招待しない。
- 招待状は控えめな文面にする。
- 親族や親しい友人以外を招待しない。
- 招待状には、日時や場所、アクセス方法などを正確に記す。
- 発表時間がわかっている場合は、その時間を記す。

来てくれた人へのお礼

発表会に来てくれた人には、まず、お礼を伝えます。花束やお祝いの品を受け取った場合、お返しは必要ありませんが、お礼状は必ず出すようにしましょう。

発表会に招待されたとき

発表会に招待されたら、できる限り出かけて、発表を見てあげましょう。会場に行くことが、なによりのお祝いになります。

お祝いの品は、チケットを購入すれば必要ありません。チケットを贈られた場合は、花束などを贈りましょう。

発表会場では、招待してくれたお友だちだけでなく、ほかの子の発表もきちんと見ましょう。

お菓子や文房具を贈っても

お友だちの発表会に招待されたときは、現金などより、お菓子や文房具などを贈ると、相手の親の負担になりません。招待した子にも喜ばれるでしょう。

子どもが招待する行事❸ 長寿のお祝い

祖父母の長生きを願って

日本では、古くから長寿を祝う風習があります。長寿のお祝いは「賀寿」とも呼ばれ、昔は数え年で祝うのがしきたりでしたが、近年は満年齢で祝うのが一般的です。

最初の賀寿は、数え年61歳で迎える「還暦《かんれき》」で、これに続いて、70歳の「古希《こき》（稀《き》）」、77歳の「喜《き》寿《じゅ》」、80歳の「傘寿《さんじゅ》」、88歳の「米寿《べいじゅ》」、90歳の「卒寿《そつじゅ》」などがあります。

おもな長寿のお祝い （年齢は数え年）

年齢	名称	由来
61歳	還暦	十干十二支が60年でひと回りするため。
70歳	古希	杜甫の詩の中の「人生七十古来稀なり」にちなむ。
77歳	喜寿	「喜」の草書体「㐂」が「七十七」に見えることから。
80歳	傘寿	「傘」の略字「仐」を分解すると「八十」になるため。
88歳	米寿	「米」の字を分解すると「八十八」になるため。
90歳	卒寿	「卒」の略字「卆」を分解すると「九十」になるため。
99歳	白寿	「百」から「一」を引くと「白」になるため。
100歳	上寿	長寿の中で最も上の段階という意味。

子どもに意見を聞いて計画を立てる

祖父母が還暦や喜寿を迎える時期は、子どもがちょうど幼稚園や小学校に通う時期であることが多いでしょう。長寿のお祝いは、子どもの意見を取り入れてイベントの計画を立てたり、贈り物を選んだりすると、楽しい祝宴になります。子どもから、似顔絵と組み合わせた手紙を祖父母に贈ると喜ばれるでしょう。

本人の体調を最優先に

長寿のお祝いは、本人の体調を考慮して、会場や時間などを決めましょう。また、当日の健康状態にも注意し、つらそうなときは予定より早く切り上げるようにしましょう。

お父さん、お母さんからも贈り物を

祖父母にとって、孫からの贈り物はうれしいものですが、息子や娘であるお父さんやお母さんからも、お祝いの品を贈りましょう。

還暦祝いの贈り物は、昔は「赤いちゃんちゃんこ」が定番でしたが、現在は、赤いセーターやマフラーなどを贈ることが多いようです。

長寿のお祝いに招待されたとき

長寿のお祝いに招待されたら、喜んで出席しましょう。息子や娘、孫たちが用意してくれた祝宴は、心に残る大切な思い出になるでしょう。息子や娘から、お祝いの品や現金などを贈られた場合、基本的にはお返しは必要ありません。お返しをしたいなら、孫たちが喜ぶ菓子折りなどを内祝いとして贈りましょう。金額のめやすは、もらった金額の半額程度です。

還暦祝いなどは、自らが祝宴を主催してもよいでしょう。この場合は、陶器や菓子折りなどを、引き出物として用意して、来てくれた人に贈ります。

また、派手な還暦祝いをされることに抵抗を感じているなら、その気持ちを息子や娘に伝えましょう。孫たちをまじえて、還暦祝いの準備に参加して、手づくりの祝宴を催すこともおすすめです。

祝儀と表書き❶
祝儀袋の基本

祝儀袋の種類と表書きの書き方

お祝いごとに現金や品物を贈るときは、「祝儀袋（のし袋）」や「のし紙」で包み、贈る目的（表書き）と、贈り主の氏名を書いて渡すのが礼儀です。

表書きは、お祝いごとの種類によって書き方が違うので、正しい書き方を知っておきましょう（126ページ参照）。また、表書きや氏名は、濃い墨を使って筆で書くのが基本です。筆ペンでも構いませんが、サインペンやボールペンなどは避けましょう。また、葬儀などの不祝儀では、薄墨を使って書きます。

祝儀袋の各部の名称

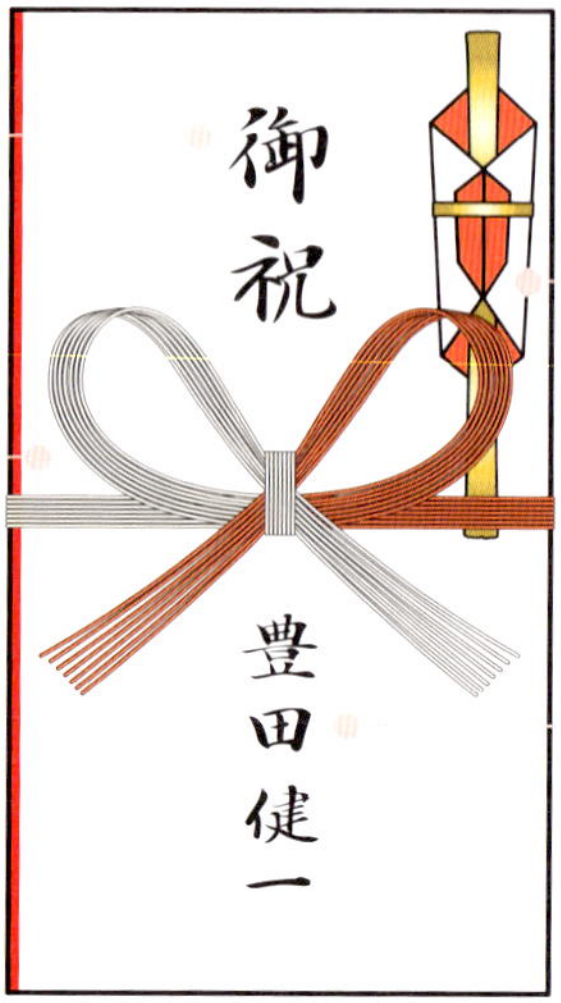

のし
長寿や繁栄を願う縁起物で、あらたまった贈り物には、のしを添えるのが基本です。

贈り主の氏名
表書きの下に氏名を書きます。表書きよりやや小さめの字にします。

表書き（上書き）
「御祝」「祝御七夜」「初節句御祝」などのように、贈る目的を書きます。

水引
お祝いごとには、紅白か、金銀の組み合わせが基本です。子どものお祝いごとには、紅白の水引をちょう結びにするのが一般的です。

水引の種類と使い方

水引は、贈答品に結ばれる飾りひもで、その起源は飛鳥時代といわれます。大きく分けて「ちょう結び」と「結び切り」の2種類の結び方があり、出産のように何度くり返してもいいお祝いにはちょう結びが、結婚のように基本は一度きりのお祝いには結び切りが使われます。

結び切り（あわじ結び）

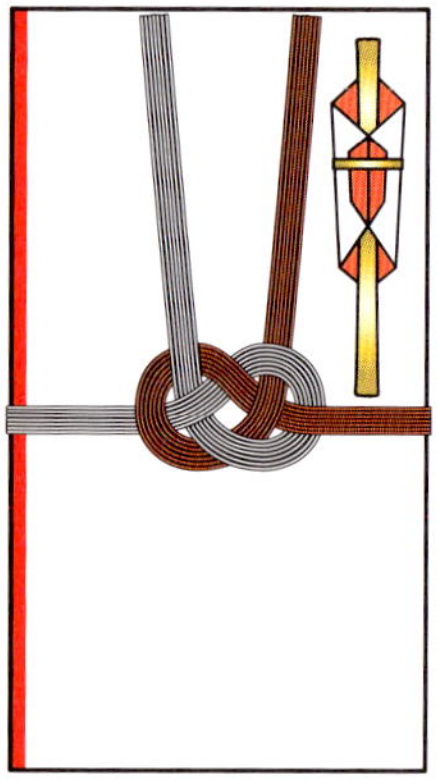

結び切りには、「あわじ結び」のほかにもさまざまな形式があります。

中包みの書き方と折り方

祝儀袋は、表書きなどを書く「上包み」と、紙幣を包む「中包み」で構成されています。市販の祝儀袋には、中包みとして封筒がセットされていて、これに金額や氏名などを記入し、紙幣を入れるのが一般的です。封筒ではなく、奉書紙の中包みで紙幣を包むと、よりていねいです。

祝儀袋は、「ふくさ」と呼ばれる布に包んで持参するのが基本です。お祝いごとでは赤などの暖色系や紫色のふくさを使います。

上包みの折り方

紙幣を入れた中包みは、「上包み」に入れて、水引を結びます。お祝いごとでは、上包みは、まず上の折り返しを折って、次に下の折り返しを折ってかぶせます。上の折り返しをかぶせるのは弔事での折り方なので、注意しましょう。

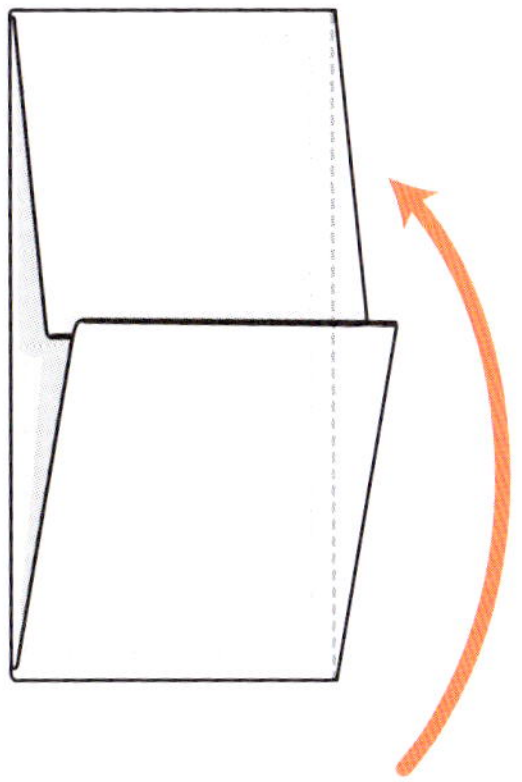

中包みの書き方

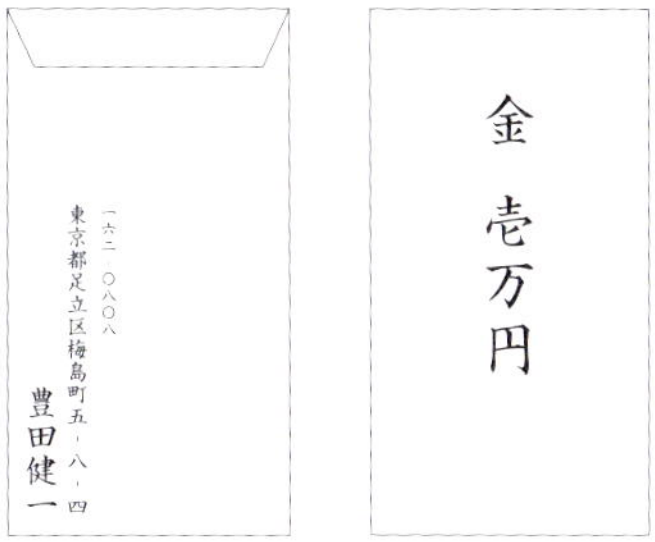

左下に、縦書きで住所と氏名を記入します。

包んだ金額を書きます。金額は旧漢字を使います。
一→壱
二→弐
三→参
五→伍
千→阡
万→萬

ふくさの使い方（お祝いごとの場合）

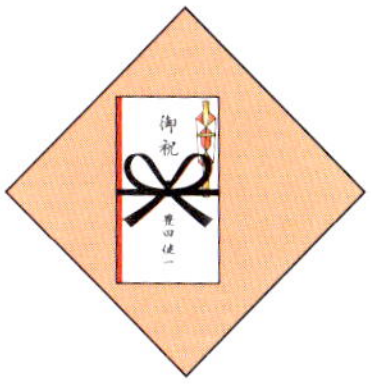

①ふくさを裏側にして、やや左側に祝儀袋を置きます。

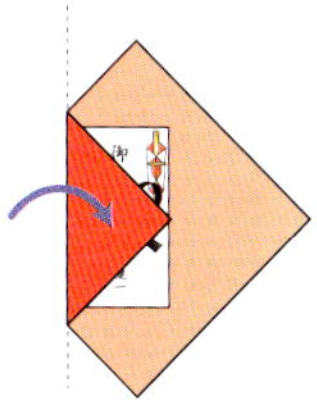

②左側を折り、上側、下側の順に折ります。

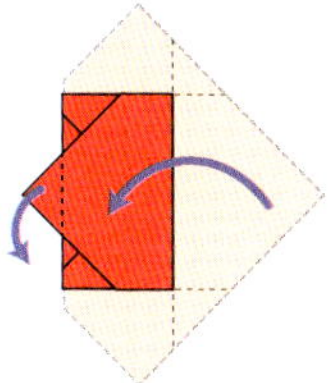

③右側をかぶせて、余った角の部分は裏に折りこみます。

中包みの折り方

①奉書紙を斜めに置き、紙幣を縦に置きます。

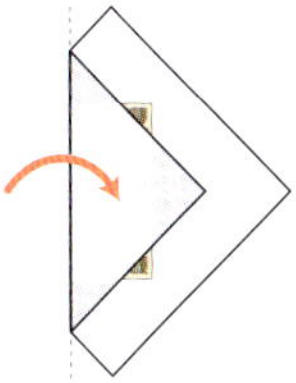

②紙幣に合わせて、奉書紙の左側を折ります。

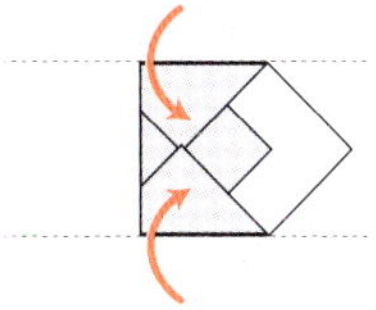

③上側、下側の順に折ります。

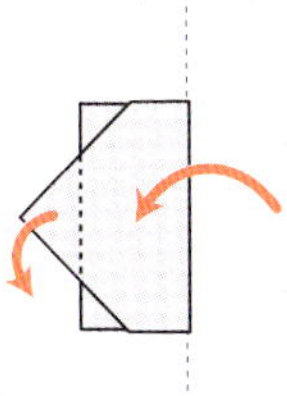

④右側を折ります。余った角の部分は、裏側に折りこみます。

祝儀と表書き❷

お祝いごとと表書きの種類

子どものお祝いごとはちょう結びの水引が基本

祝儀袋やのし紙は、お祝いごとの種類によって、水引の種類や表書きの書き方が違います。子どものお祝いごとに関しては、水引は紅白のちょう結びが基本です。表書きは、贈る目的を楷書でていねいに書きます。

複数で贈る場合の書き方

夫婦の場合

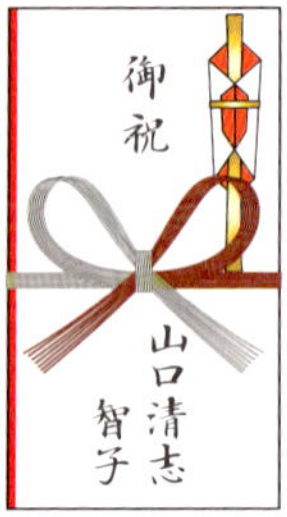

中央よりやや右に夫の氏名を書き、やや左に妻の名のみをそろえて書きます。

連名の場合

同格なら五十音順に右から左へ、上下関係があるなら右から上位者の順に書きます。

4人以上の場合

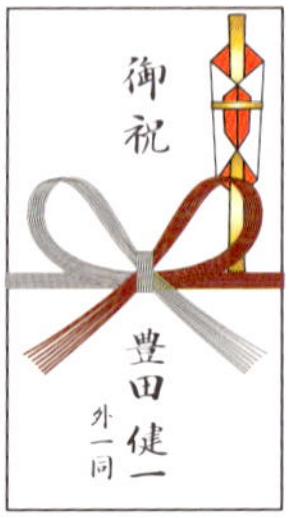

代表者の氏名を中央よりやや右に書き、やや左に「外一同」と小さめの字で書きます。

表書きの一覧

帯祝い

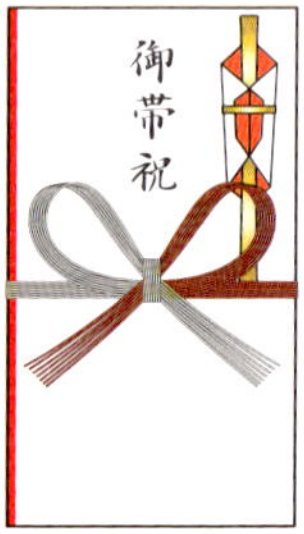

表書き
「御帯祝」「着帯祝」など

金額のめやす
3000～5000円

贈る時期
帯祝いの日から1週間前くらい

出産祝い

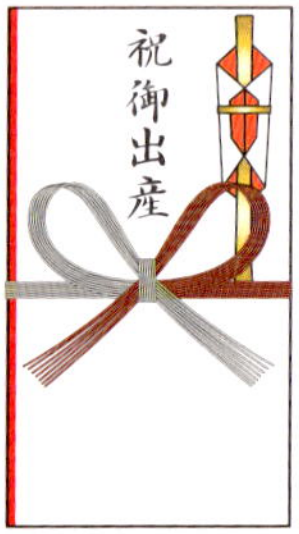

表書き
「祝御出産」「御出産御祝」など

金額のめやす
1～3万円（親族）

贈る時期
出産後1か月以内

お七夜

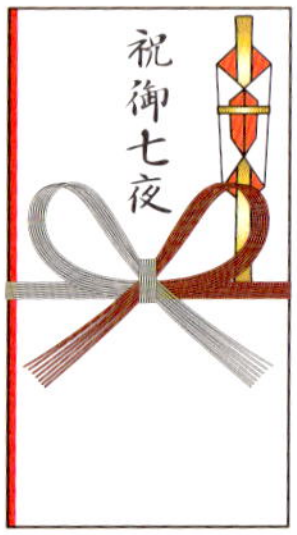

表書き
「祝御七夜」「祝命名」など

金額のめやす
5000～1万円

贈る時期
お七夜の当日

お宮参り

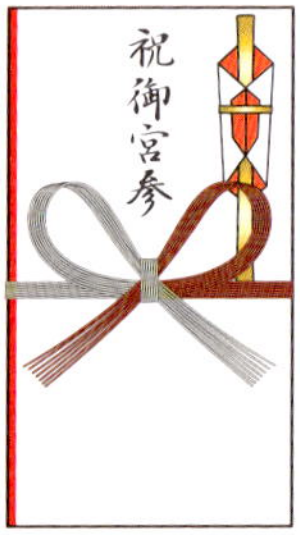

表書き
「祝御宮参」など

金額のめやす
5000～1万円

贈る時期
お宮参りの当日

※「御祝」は、どのお祝いの表書きにも使えます。

のし紙の書き方

お祝いをもらったら、お返しを贈るのが礼儀です。子どものお祝いごとでは、会食に招待することがお返しになる場合がほとんどですが、遠方で招待できなかった人には場合によって、お礼状を添えて、内祝いの品を贈るようにしましょう。

内祝いの品は、もらったお祝いの半額程度が基本で、品物には紅白ちょう結びの水引ののし紙をかけて、表書きは「内祝」として、子どもの名前で贈ります。内祝いの品は、お祝いをもらってから1か月以内に贈るようにしましょう。

のし紙の各部の名称

表書き　のし

子どもの名前
読みがなをふるとよい。

水引
子どものお祝いでは
紅白ちょう結びが基本。

※のし紙のかけ方、内祝いの贈り方は128ページ参照。

卒園・卒業祝い

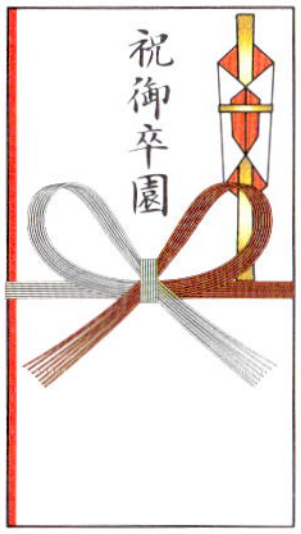

表書き
「祝御卒園」「御卒業御祝」など

金額のめやす
5000～1万円

贈る時期
卒園(業)式の当日まで

入園・入学祝い

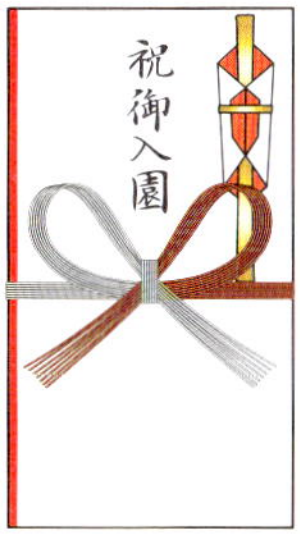

表書き
「祝御入園」「御入園学御祝」など

金額のめやす
5000～1万円

贈る時期
入園(学)式の当日まで

七五三祝い

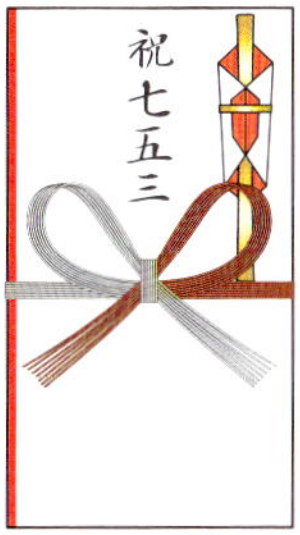

表書き
「祝七五三」「七五三御祝」など

金額のめやす
5000～2万円

贈る時期
七五三のお祝いの当日まで

初誕生祝い

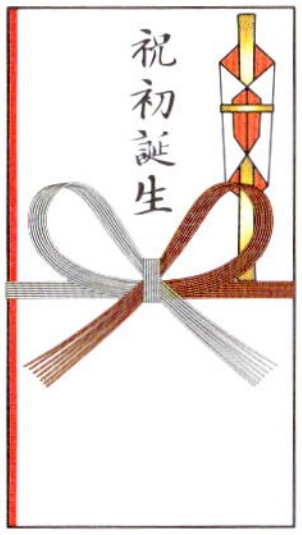

表書き
「祝初誕生」「初誕生御祝」など

金額のめやす
1万円(親族)

贈る時期
初誕生のお祝いの当日まで

初節句

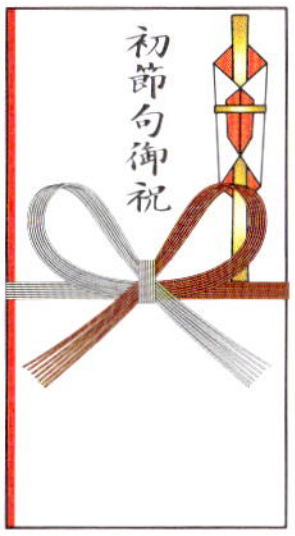

表書き
「初節句御祝」など

金額のめやす
1～2万円(親族)

贈る時期
1か月前まで

お食い初め

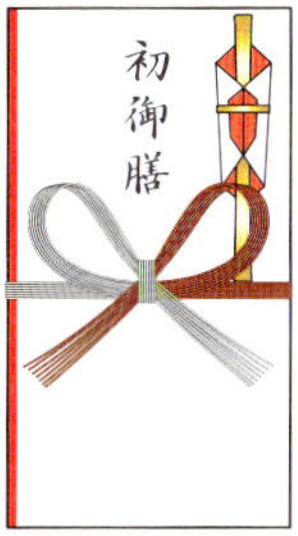

表書き
「初御膳」「祝御食初」など

金額のめやす
5000～1万円

贈る時期
お食い初めの当日まで

※金額はあくまでめやすです。つきあいに応じた金額をご用意ください。

祝儀と表書き③

贈り物の贈り方

贈り物の包み方とのし紙のかけ方

内祝いの品や、お中元、お歳暮などを贈るときは、包み方にも決まりがあります。

お祝いごとに関する贈り物は、紅白ちょう結びの水引が印刷されたのし紙（127ページ参照）をかけるのが基本です。のし紙のかけ方には、「外のし」と「内のし」があります。品物にのし紙をかけて、その上から包装紙で包むのが「内のし」で、包装紙の上からのし紙をかけるのが「外のし」です。内祝いの場合は、内のしにします。

子どものお祝いや、お中元、お歳暮など、お祝いに関する品物を包装紙で包むときは、「慶事包み」にします。

内のしと外のし

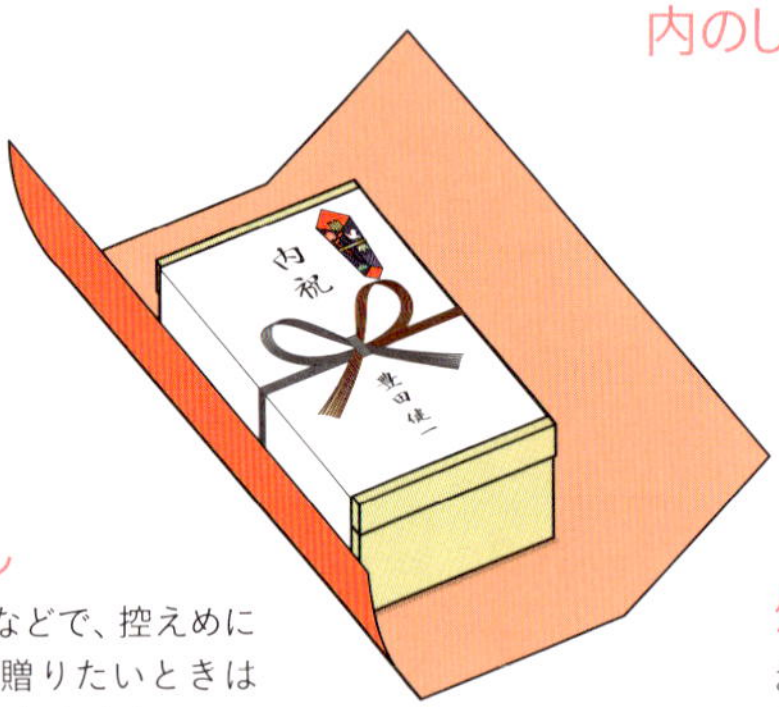

内のし

内祝いなどで、控えめに品物を贈りたいときは「内のし」にします。

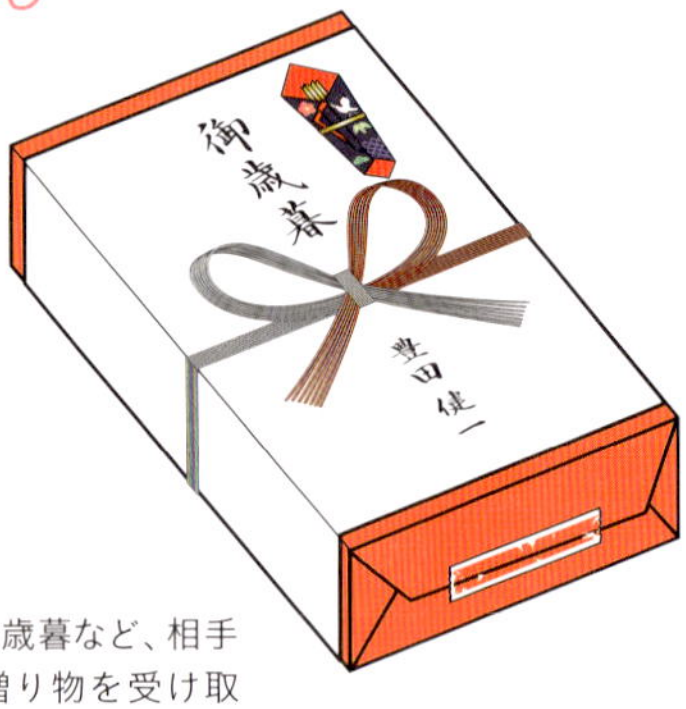

外のし

お中元やお歳暮など、相手が多くの贈り物を受け取る場合は、贈り主がひと目でわかる「外のし」にします。

慶事包み（合わせ包み）の手順

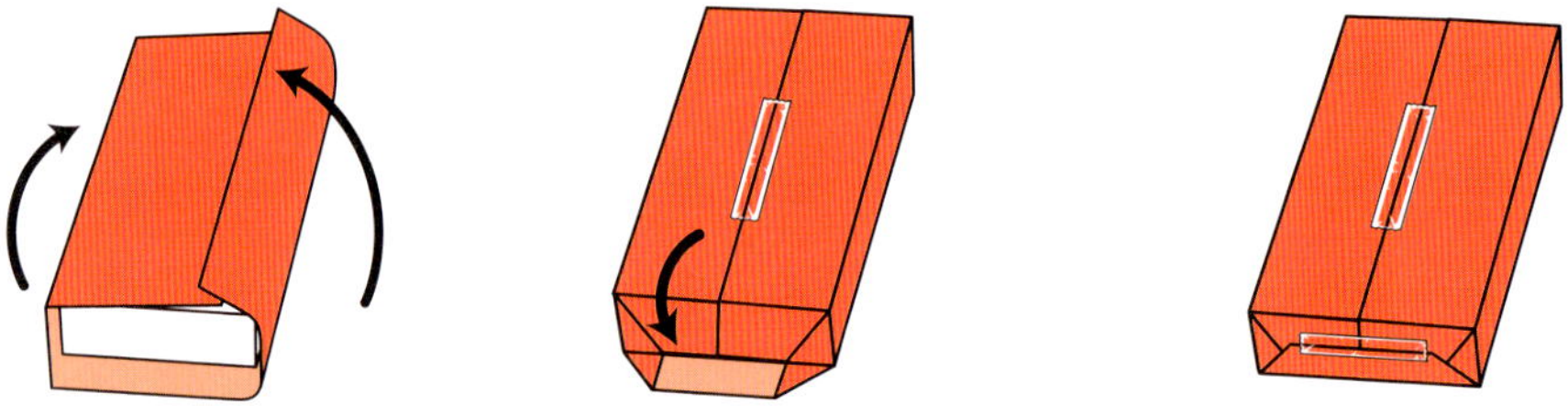

①広げた包装紙の中央に、底を上にした箱を置きます。包装紙の右側の端が中央にくるようにかぶせて、テープでとめます。

②側面部分を折ります。左右を箱に合わせて折り、さらに上側（紙が重なっている側）をかぶせるようにして折ります。

③紙の下側を上に折ります。側面の中心からはみ出した部分は、内に折りこんで、テープでとめます。反対側も同様にして、ひっくり返したら完成です。

※包装紙の左側が上にくるようにかぶせると「弔事包み」になります。

ふろしきの包み方

贈り物はできれば持参して、お礼の言葉とともに、直接渡すようにしましょう。持参する場合は、紙袋ではなく、ふろしきで包むとていねいです。あらたまった場合には、「平包み」と呼ばれる包み方をするのがしきたりです。

あらたまった場所では、ふろしきは絹製のものを使います。菓子折りなどを包むなら、1辺70〜90㎝のものがちょうどよいでしょう。

お祝いごとでは、おめでたい赤のほか、春は黄緑、夏は水色といったように、季節に合った明るい色を選びます。弔事では紺や灰色などを選ぶのが一般的です。無地の紫色であれば、お祝いごとでも弔事でも、どちらにも使うことができるので便利です。

平包みの手順

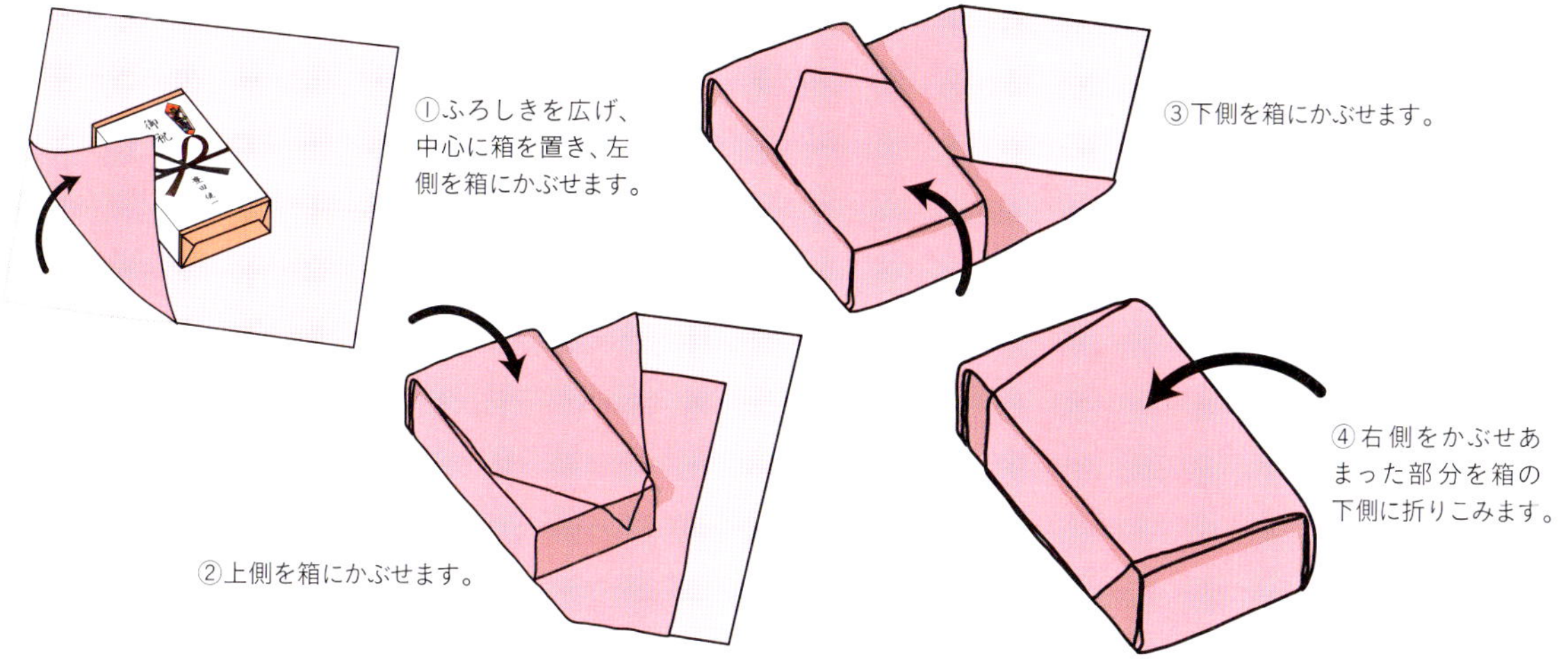

①ふろしきを広げ、中心に箱を置き、左側を箱にかぶせます。

②上側を箱にかぶせます。

③下側を箱にかぶせます。

④右側をかぶせあまった部分を箱の下側に折りこみます。

贈り物の渡し方と受け取り方

贈り物を相手に渡すときは、ふろしきや紙袋から品物を出したら、手早くたたんで脇に置きます。品物は、のし紙の文字が相手から読める方向にして渡します。

贈り物を受け取る場合は、両手で受け取り、ていねいにお礼の言葉を伝えます。そして、その場で箱を開けて中身を見て、感想や喜びを伝えましょう。

贈り物には言葉を添えて

贈り物を渡すときは、品物なら「気に入ってもらえるとれしいのですが」、飲食物なら「皆様でお召し上がりください」「お口に合えばうれしいのですが」などの言葉を添えるとていねいです。お祝いごとならば、「おめでとうございます」と述べることを忘れずに。

お祝いごとの手紙❶

手紙の書き方の基本

手紙を構成する4つの要素

手紙は、基本的には、用件に入る前のあいさつである「前文」、用件を記した「主文」、手紙を終えるあいさつである「末文」、日付や差出人名、あて名を明示する「後付」の4つの要素で構成されています。さらに、「頭語」や「結語」、「時候のあいさつ」などの細かな要素で成り立っています。

お礼状などのあらたまった手紙は、手紙の基本構成をふまえて書くと、ていねいな印象になります。

子どもにお祝いの品などをもらった場合は、3日以内にお礼状を出すのが礼儀です。早く届けば、それだけ感謝の気持ちが相手に伝わります。

前文

①頭語

前文の書き出しで、「拝啓」「謹啓」が一般的。1字下げずに行頭から書きはじめます。

②時候のあいさつ

慣用的に使われる季節にふれたあいさつで、頭語から1字あけるか、頭語の次の行から1字下げて書きます。

③書き出しのあいさつ

相手の安否や自分の近況などを伝えます。日ごろの感謝や、無沙汰をわびることもあります。

主文

④起こしの言葉

主文がはじまることを示す言葉で、「さて」「ところで」「つきましては」「さっそくですが」などが一般的です。

⑤用件

手紙の主旨をわかりやすい言葉でまとめます。

前文　主文

①拝啓
②春の風がとても心地よく、すごしやすい季節になりました。
③お父さま、お母様はいかがお過ごしでしょうか。
④このたびは、⑤長男 英祐の初節句に際しまして、素晴らしい武者人形をお贈りいただき、本当にありがとうございました。
いただいた武者人形は、さっそくリビングに飾って、毎日夫婦で眺めております。おかげさまで、英祐は先月、つかまり立ちができるようになりましたので、龍太さんは、「初節句の日には、この立派な武者人形と並んで写真を撮れるかもしれないな」と喜んでおります。

便せんと封筒の使い方

手紙は、白い便せんに、黒か紺の万年筆や、毛筆（または筆ペン）を使って縦書きで書くのが正式です。ボールペンやえんぴつ、シャープペンシルなどは使わないようにします。

便せんには罫線が入っていてもかまいませんが、柄入りの便せんは、目上の人に送るときは避けましょう。また、便せんは1枚だと失礼にあたるとされるので、2～3行でも2枚目に書くようにします。

封筒は、あらたまった手紙では白無地の和封筒または洋封筒を使うのが基本です（136ページ参照）。子どもの写真などを同封する場合は、洋封筒を使うと便利です。

頭語と結語

	頭語	結語
一般的な手紙	拝啓	敬具
あらたまった手紙	謹啓	謹白
急用の手紙	急啓	早々
返事の手紙	拝復	敬具
前文を省略する手紙	前略	草々

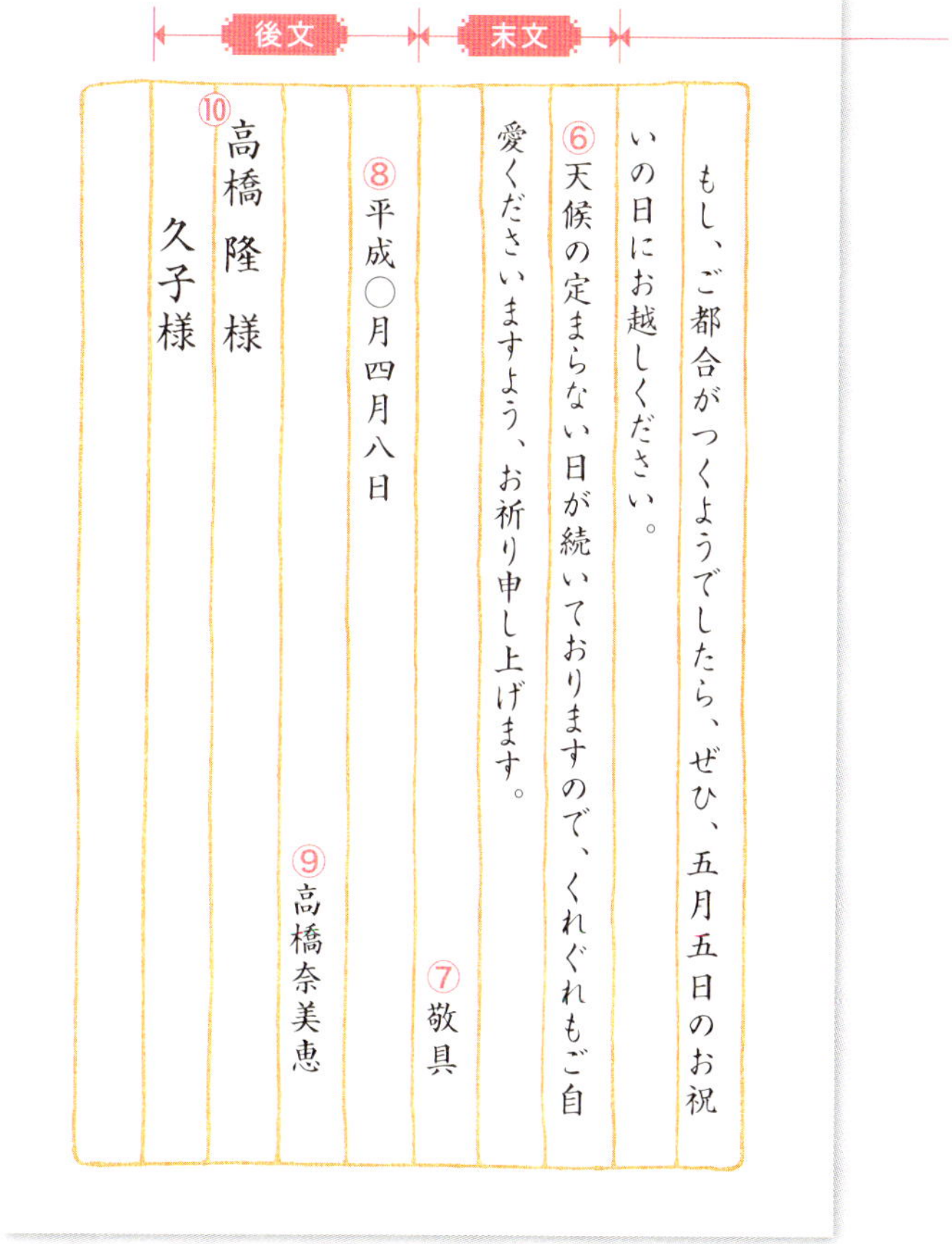
後文
末文
もし、ご都合がつくようでしたら、ぜひ、五月五日のお祝いの日にお越しください。
⑥天候の定まらない日が続いておりますので、くれぐれもご自愛くださいますよう、お祈り申し上げます。
⑦敬具
⑧平成○月四月八日
⑨高橋奈美恵
⑩高橋 隆 様
久子様

末文

⑥結びのあいさつ

相手の健康や繁栄を願う言葉や、今後の指導・支援を求める言葉などを書きます。

⑦結語

頭語に対応する言葉です。結びのあいさつの次の行に、下から１字あけて書きます。「敬具」が一般的で、「謹言」「謹白」などが使われることもあります。

後付

⑧日付

結語の次の行に、行頭から２、３字下げて、手紙を書いた日付を書きます。

⑨差出人名

日付の次の行に、下から１字あけて、差出人（自分）の氏名を書きます。

⑩あて名

差出人の次の行に、行頭から、主文などより大きな文字で、相手の名前を書きます。

お祝いごとの手紙❷ 時候・書き出し・結びのあいさつ

※時候のあいさつには「漢語調」と「和語調」があります。漢語調の場合には、「〜の候」「〜のみぎり」などと続けます。ビジネス文書では漢語調、親族や知人に送る手紙では和語調を使うことが一般的です。

時候のあいさつ

1月
【漢語調】
新春／厳寒／大寒／初春
【和語調】
●例年にない厳しい寒さが続いております
●春が待ち遠しい季節です

2月
【漢語調】
余寒／残寒／向春／立春
【和語調】
●梅のつぼみがふくらみはじめました
●暦の上では春と申しますが

3月
【漢語調】
早春／春寒／浅暖／春分
【和語調】
●日ごとに春の訪れを感じます
●ようやく春めいた今日このごろ

4月
【漢語調】
陽春／春暖／仲春／桜花
【和語調】
●春光うららかな季節です
●春たけなわの季節となりました

5月
【漢語調】
新緑／若葉／薫風／立夏
【和語調】
●新緑が目にまぶしい季節を迎えました
●さわやかな初夏の季節となりました

6月
【漢語調】
梅雨／入梅／長雨／向暑
【和語調】
●うっとうしい梅雨の季節となりました
●紫陽花の花が美しく咲く季節になりました

7月
【漢語調】
盛夏／猛暑／炎暑／大暑
【和語調】
●いよいよ夏本番を迎えました
●連日厳しい暑さが続いております

8月
【漢語調】
残暑／残夏／晩夏／立秋
【和語調】
●残暑厳しき折
●立秋とは名ばかりの暑さが続いていますが

9月
【漢語調】
初秋／早秋／新涼／白露
【和語調】
●ようやくしのぎやすい季節となりました
●虫の音の美しい季節となりました

10月
【漢語調】
秋冷／紅葉／錦秋／夜長
【和語調】
●すっかり秋めいてまいりました
●日ごとに秋色が深まってまいります

11月
【漢語調】
晩秋／深秋／暮秋／向寒
【和語調】
●日ごとに冬が近づいてまいります
●枯れ葉が舞う季節となりました

12月
【漢語調】
師走／寒冷／初冬／新雪
【和語調】
●寒さが厳しい今日このごろ
●年末のご多忙の折から

書き出しのあいさつ

【相手の安否をたずねる】

●皆様（○○様、ご家族の皆様）にはますます（いよいよ）ご清栄のこととお慶び申し上げます

●皆様にはすこやかにおすごしのことと拝察いたしております

●皆様におかれましてはお元気でお暮らしのことと心よりお喜び申し上げます

【自分の安否を伝える】

●私も（私どもも、家族一同）おかげさまで元気にすごしております

●こちらもおかげさまで変わらずに暮らしております

●当方もおかげさまをもちまして無事にすごしております

【日ごろの感謝を伝える】

●日ごろは（先日は、いつも）たいへんお世話になりまして誠にありがとうございます

●平素は格別のご高配にあずかりまして厚く御礼申し上げます

●このたびはなみなみならぬお気遣いをいただきまして心より感謝申し上げます

●常々お心にかけていただきまして恐縮いたしております

【無沙汰をわびる】

●日ごろは（平素は、久しく）ご無沙汰ばかりで心苦しく思っております

●心ならずもご無沙汰いたしまして申し訳ございません

●長らくご無沙汰のみにてお許しください

●心ならずも雑事にまぎれてご無沙汰しておりお許しください

結びのあいさつ

【相手の健康や幸福を祈る】

●皆様のますますのご多幸をお祈り申し上げます

●○○様の一層のご活躍を祈念いたしております

●ご家族のご健勝を心よりお祈り申し上げます

【今後の厚誼を願う】

●今後ともよろしくご指導のほどお願いいたします

●これからも変わらぬおつき合いを賜りますようお願い申し上げます

●どうか末長くお力添えをくださいますようお願いいたします

【言づてを頼む】

●皆様（ご一同様）にくれぐれもよろしくお伝えください

●奥様（ご主人様）によろしくお伝えください

【用件をまとめる】

●まずは書中にて御礼申し上げます

●取り急ぎご返事いたします

●略儀ながらごあいさつ申し上げます

●書中をもちましてお祝い申し上げます

【季節を盛りこんだ表現】

●厳しい暑さが続きますが、くれぐれもご自愛ください

●朝晩は冷えこむ季節ですので、どうかご壮健におすごしください

●季節の変わり目ですので、お体を大切におすごしください

お祝いごとの手紙❸

手紙での敬語表現

手紙で重要な尊敬語と謙譲語、丁寧語

敬語には、尊敬語、謙譲語、丁寧語などがあります。

尊敬語とは、相手に敬意を表す言葉で、相手の動作などに対して使います。謙譲語は、自分のことをへりくだって表現する言葉で、自分の動作などに対して使います。丁寧語は「〜です」「〜ます」のような、ていねいな言い表し方のことです。

手紙では、尊敬語と謙譲語を適切に使い分けることが重要です。基本的な動作などを表現する敬語を正しくおぼえておきましょう。

おもな動詞の敬語表現

基本形	尊敬語	謙譲語	丁寧語
いる	いらっしゃる	おる	います
行く	いらっしゃる／おいでになる	参る／うかがう／参上する	行きます
来る	いらっしゃる／お見えになる	参る／参上する	来ます
贈る	お贈りになる／贈られる	お贈りする	贈ります
する	なさる／される	いたす／させていただく	します
会う	お会いになる／会われる	お目にかかる／お会いする	会います
言う・話す	言われる／おっしゃる／お話しになる	申す／申し上げる	言います
見る	ご覧になる／見られる	拝見する	見ます
聞く	お聞きになる／聞かれる	お聞きする／拝聴する／うかがう	聞きます
知っている	ご存じ／知っていらっしゃる	存じ上げる／存じる	知っています
思う	思われる／お思いになる	存じる／存じ上げる	思います
受ける	お受け取りになる／お納めになる	お受けする／頂戴する／いただく	もらいます

人や物事を表すときの敬語

「ご主人」「ご子息」などのように、相手の呼び名を尊敬表現で表したり、「夫」「息子」などのように、自分をへりくだって表現したりすることは、あらたまった手紙を書くときの基本です。

人の呼び名に関しては、基本的には、相手側に関する名詞に「お（御）」「ご（御）」「貴」「尊」などを上につけると尊敬表現になります。

また、「拙宅」「粗品」「小生」などのように、自分に関する名詞の上に「拙」「粗」「小」などをつけると、謙譲表現になります。

「美しい」「やさしい」などの形容詞の場合は、上に「お」をつけるとよいでしょう。

人・物事を表す敬語表現

対象	相手側	自分側
本人	あなた／貴殿／貴女／貴兄／貴君	私／自分／小生
夫	ご主人／旦那様／ご夫君	夫／主人／宅
妻	奥様／奥方様／令夫人	妻／家内／女房
父	お父上／お父様／父君	父／実父／父親
母	お母上／お母様／母君	母／実母／母親
息子	お坊ちゃま／ご子息／お子様	息子／せがれ／愚息
娘	ご息女／お嬢様／お子様	娘
兄	お兄様／兄上様／兄君	兄／家兄／愚兄
弟	弟様／ご令弟様	弟／小弟／愚弟
姉	お姉様／姉上様／姉君	姉／愚姉
妹	妹様／ご令妹様	妹／小妹
祖父	おじい様／ご祖父様	祖父／老祖父
祖母	おばあ様／ご祖母様	祖母／老祖母
孫	お孫様	孫
家族	皆様／皆々様／ご家族様	私ども／家族／家中
家	お家／お宅／貴宅／ご尊家	宅／拙宅／小宅
贈り物	ご厚志／お心づくし／佳品	粗品／寸志

お祝いごとの手紙 ❹ 封筒の書き方

和封筒のあて名の書き方

【裏面】

平成〇年四月七日

奈良県奈良市寺町五丁目三〇六
和田凛太郎

630-1587

【表面】

111-0123
切手

東京都台東区墨田一丁目三十三番地七号
パークサイド直井二〇一号

山﨑千尋 様

住所を書くとき、2行目は1字下げ、番地などは漢数字を使います。あて名は、住所より大きな字で、封筒の中央に、住所の1行目より1字下げて書きはじめます。

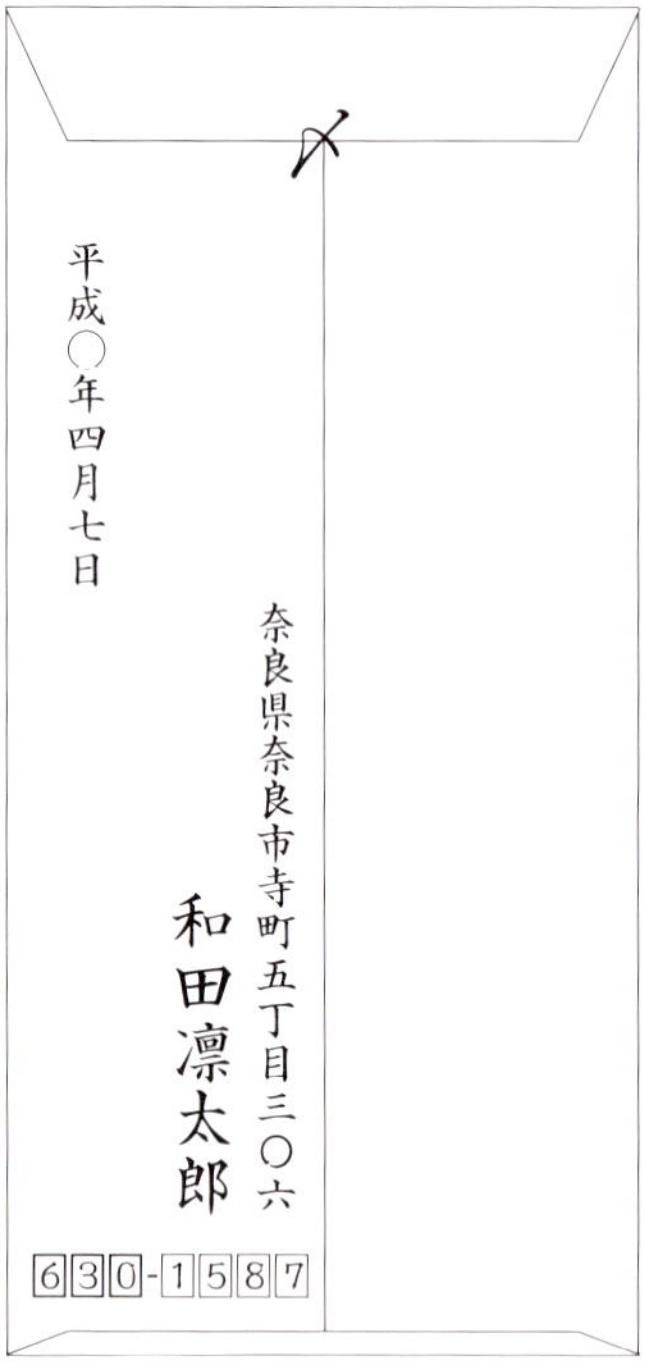

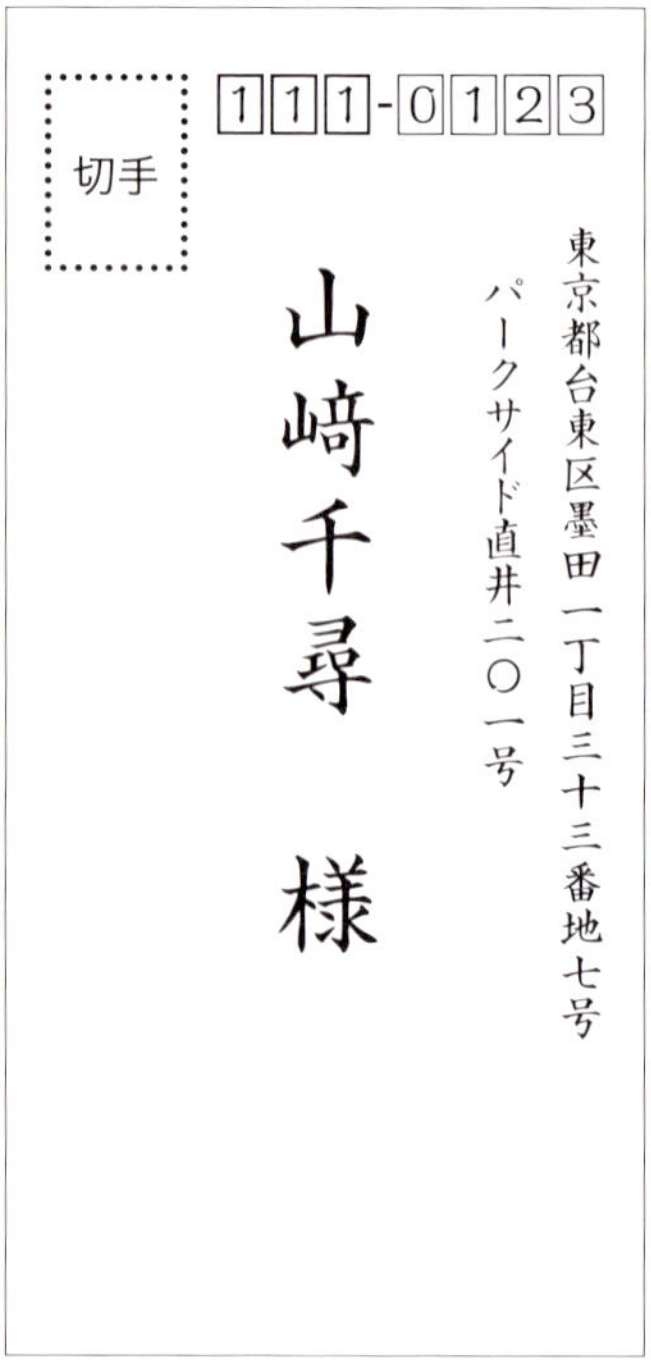

郵便番号欄がある封筒は、差出人の住所と氏名を接ぎ目の左側に、左上に日付を入れます。欄がない場合は、接ぎ目の右側に郵便番号と住所、左側に氏名とします。封じ目に「〆」など封字を書きます。

和封筒に入れる便せんの折り方

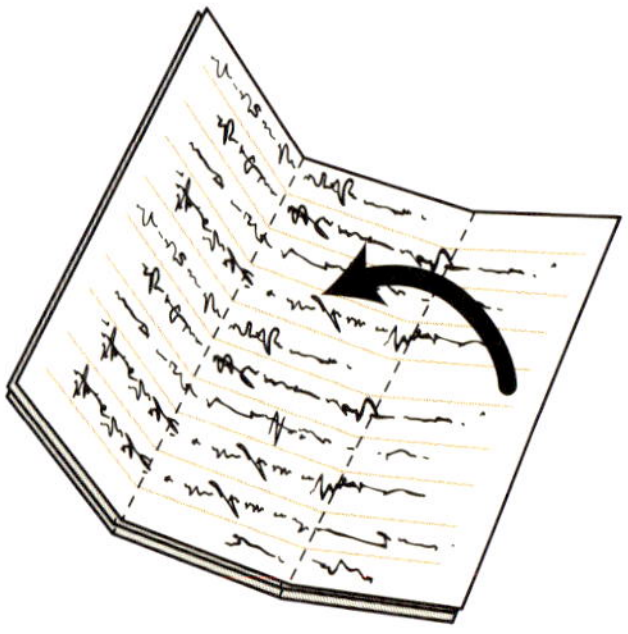

①便せんの下側3分の1を折りたたみます。

②便せんの上側3分の1を折って、3つ折りにします。

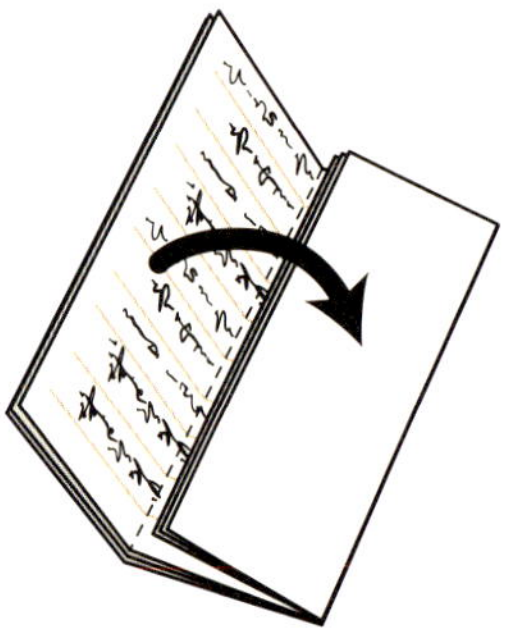

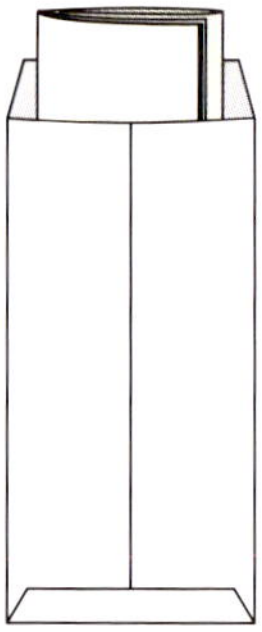

③封筒を開けたとき、書き出しが右上に見える向きに入れます。

洋封筒のあて名の書き方

【表面】（縦書き）

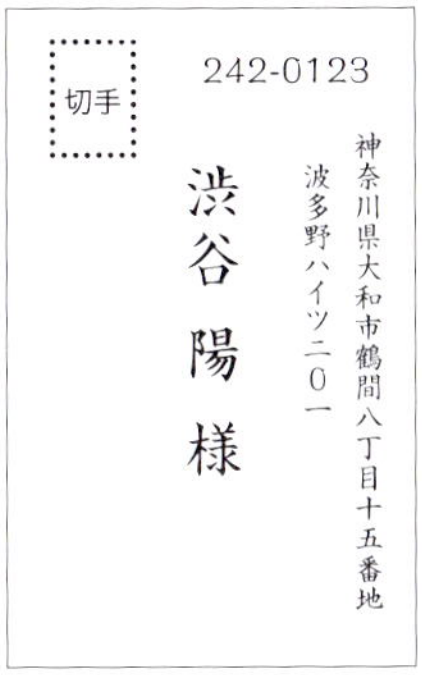

洋封筒を縦書きに使う場合のあて名の書き方は、和封筒と同じです。

【表面】（横書き）

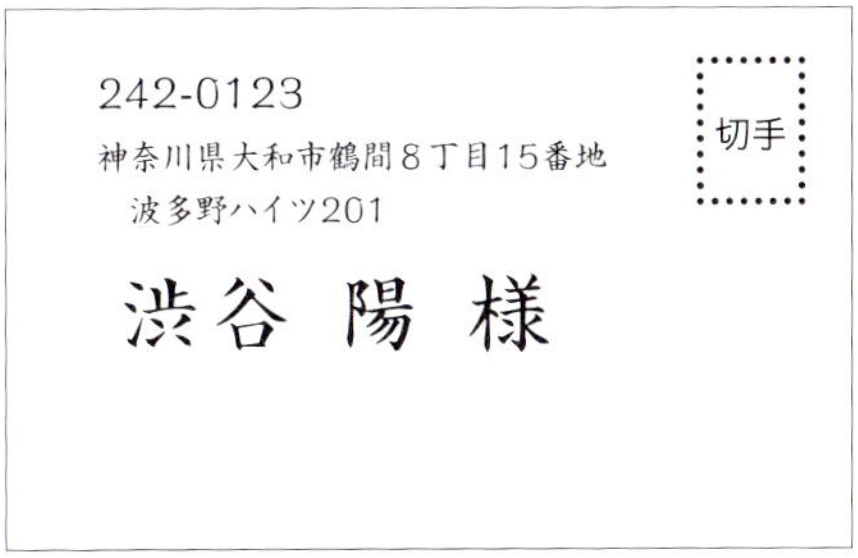

切手は右上にはります。住所は封筒の上半分の位置に収まるように１～２行で書き、算用数字を使います。あて名は、住所より大きな字で、住所の１行目より１字下げて書きはじめます。

【表面】（縦書き）

開口部を右にして、差出人の郵便番号と住所、氏名を中央より左側に書きます。日付は中央より右側に書きます。縦書きの場合は封字を書きましょう。

【裏面】（横書き）

差出人の住所と氏名は、封筒の封じ目よりも下側に書きます。氏名は、住所よりやや大きく、左右中央に書きます。日づけは、住所の左上に小さく記入します。横書きの場合、封字を書く必要はありません。

お祝いごとの封字は「寿」で

封筒の封字は「〆」「封」などが一般的ですが、お祝いごとの手紙には「寿」「賀」などが使われます。また、封書をセロハンテープなどで封印するのは失礼になります。必ずのりを使って閉じましょう。

洋封筒に入れる便せんの折り方

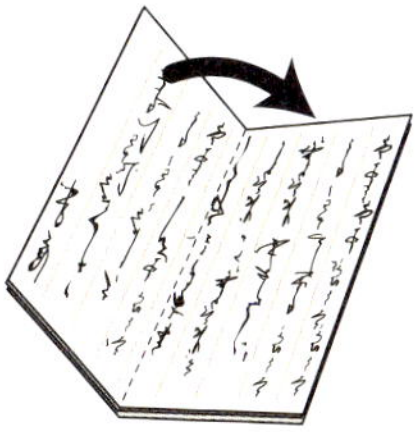

①便せんを縦方向に半分に折ります。

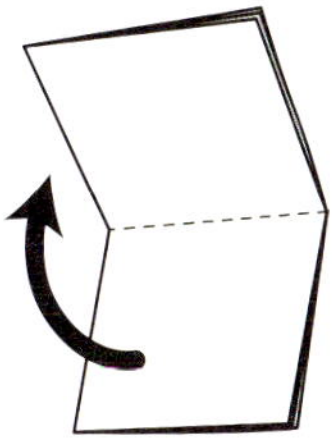

②さらに横方向に半分に折ります。

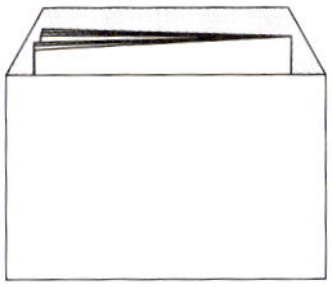

③封筒を開けたとき、手紙の書き出しが左上にくるように入れます。

お礼の手紙文例集

文例

出産祝いのお礼（夫婦から親類へ）

拝啓　新緑のあざやかな季節となりました。皆様はお変わりありませんでしょうか。

さて、このたびは出産にお祝いをいただきまして、誠にありがとうございました。子どもの名前は、登山好きの夫が、山のように大きな心をもって欲しいと願って、「仙」と名づけました。毎日戸惑ってばかりですが、おかげさまで母子ともに健康に過ごしております。頂いたベビー服をさっそく着せて、そのかわいらしい姿に見とれています。

なお、ささやかながら内祝いの品を贈らせていただきましたので、どうぞお納め下さい。

時節柄ご自愛下さいますように。

敬具

Point

- 子どもの名前の由来などを書くと喜ばれます。
- もらった品について具体的な感想を書きましょう。

文例

初節句祝いのお礼（夫婦から夫の両親へ）

拝啓　ようやく春めいた今日この頃、お父様、お母様におかれましては、お変わりなくお過ごしでしょうか。

さて、このたびは、長女　莉央の初節句に際しまして、見事な雛飾りを頂戴しまして、本当にありがとうございます。雛飾りは、さっそくリビングに飾り、毎日眺めながら、女の子が生まれた喜びを、洋平さんとともにかみしめております。雛飾りの前で喜んでいる莉央の写真を同封しましたので、ご覧ください。

まだまだ寒い日が続きますので、どうかお体にお気をつけてすこやかにお過ごしください。

敬具

Point

- お祝いをもらった喜びを素直に表現しましょう。
- 贈り主が遠方にいる場合は写真を同封すると喜ばれます。

文例　七五三のお礼（夫婦から夫の親類へ）

拝啓　朝夕の寒さが身にしみる毎日ですが、叔父様、叔母様におかれましては、いかがお過ごしでいらっしゃいますか。

さて、先日は遠いところ、長男　周作の七五三のお祝いにお越しくださり、誠にありがとうございます。結構な贈り物まで頂戴いたしまして恐縮いたしております。3歳の頃は心配するほど人見知りでしたが、今では好奇心いっぱいの元気な子に育ちました。これもひとえに、叔父様叔母様からの愛情の賜物と感謝しております。

広島までの遠い道のりをお帰りになられたので、お疲れになられたことと心配しております。くれぐれもご自愛ください。

敬具

Point

- 子どもが成長した喜びを具体的に伝えましょう。
- 相手の様子を気遣う文面を入れると、気持ちが伝わります。

文例　入園祝いのお礼（母親から知人へ）

桜の花がようやく咲き始めたようです。お変わりなくお過ごしでしょうか。

このたびは、虎太郎の入学にあたり、クレヨンセットをいただき、誠にありがとうございました。よほど嬉しいようで、毎日スケッチブックに電車やトラックなどの乗り物の絵を描いています。夫からも、くれぐれもよろしくと、お礼を申しておりました。

入園式を間近に控え、私たち夫婦も、期待で胸をふくらませております。初めての幼稚園生活で、わからないことも多いと思いますが、ご指導のほど、よろしくお願い申し上げます。

季節の変わり目ですが、どうかご自愛ください。取り急ぎ、お礼申し上げます。

Point

- プライベートな手紙なら頭語と結語は省略しても構いません。
- もらった品を子どもが喜んでいる様子を伝えましょう。

関連用語解説

お祝いごとや年中行事の意味をより深く理解するために、暦に関連する言葉の意味を知っておきましょう。

陰陽五行説

森羅万象を説明する古代中国の思想

「陰陽五行説《いんようごぎょうせつ》」とは、古代中国の世界観のひとつで、「陰陽説」と「五行説」が合わさったものです。

「陰陽説」とは、この世のすべてのものは、「陰」と「陽」の2つに分類できるという思想で、具体的には女性や月、夜などが「陰」で、男性や太陽、昼などが「陽」になります。「五行説」とは、この世のすべてのものは、「五行」と呼ばれる「木」「火」「土」「金」「水」という5つの物質から成り立っているという思想です。

陰陽と五行は、自然界のものだけでなく、天体の運行や季節の移り変わりも支配するとされ、たとえば春は「陽」で「木」の特性をもつというように、暦に組み込まれていったのです。

五行説による分類

	木	火	土	金	水
季節	春	夏	土用	秋	冬
天体	木星	火星	土星	金星	水星
方向	東	南	中	西	北
色	青（緑）	赤	黄	白	黒
五節句	人日	上巳	端午	七夕	重陽

五節句・雑節

暦の中で季節の節目を示す日

1年のうち、二十四節気《にじゅうしせっき》（116ページ参照）以外に設けられた季節の節目の日を「節句《せっく》（節日《せちにち》）」といいます。

節句の中で、とくに重要とされる「人日《じんじつ》」（1月7日）、「上巳《じょうし》」（3月3日）、「端午《たんご》」（5月5日）、「七夕《しちせき》」（7月7日）、「重陽《ちょうよう》」（9月9日）の5つを「五節句」といいます。

このほか、季節の移り変わりを正確に知るために、「節分」や「彼岸」、「八十八夜」などの「雑節《ざっせつ》」が設けられました。

五節句や雑節は、今も日本人の暮らしに受け継がれています。

十干十二支

年や月日を示すために使われてきた記号

「十二支《じゅうにし》」とは、「子《ね》・丑《うし》・寅《とら》・卯《う》・辰《たつ》・巳《み》・午《うま》・未《ひつじ》・申《さる》・酉《とり》・戌《いぬ》・亥《い》」という12の周期を表す記号です。古代中国において、1月から12月までの月を示す記号として使われるようになり、1月が「寅」と定められました。たとえば、「亥の子《いのこ》」（108ページ参照）の名前は、旧暦10月が「亥」の月であることに由来します。十二支に動物名をあてるようになったのは、覚えやすくするためといわれます。やがて十二支は、時刻や方角を示す記号としても使われるようになりました。

　十二支のほか、日の周期を数える記号として「十干《じっかん》」がありました。十干は、「甲《きのえ》・乙《きのと》・丙《ひのえ》・丁《ひのと》・戊《つちのえ》・己《つちのと》・庚《かのえ》・辛《かのと》・壬《みずのえ》・癸《みずのと》」の12の記号で、十二支と組み合わされて「十干《じっかん》十二支《じゅうにし》（干支《かんし》）」となり、「甲子《きのえね》」や「丙午《ひのえうま》」などのように、年や月日を表すために使われるようになりました。

　十干十二支は、飛鳥時代に日本に伝わったといわれ、現在も暦に使われています。

十二支の対応月

	十二支
1月	寅（虎）
2月	卯（兎）
3月	辰（竜）
4月	巳（蛇）
5月	午（馬）
6月	未（羊）
7月	申（猿）
8月	酉（鶏）
9月	戌（犬）
10月	亥（猪）
11月	子（鼠）
12月	丑（牛）

六曜

　カレンダーの日付に記されている「先勝《せんしょう》・友引《ともびき》・先負《せんぶ》・仏滅《ぶつめつ》・大安《たいあん》・赤口《しゃっこう》」のことを「六曜《ろくよう》」といいます。「結婚式は大安の日がよい」といったように、物事を行うときの吉凶を占うために使われてきました。

　もともとは中国で生まれ、現在使われている「七曜《しちよう》（月火水木金土日）」と同じように、日の周期を表す記号でした。日本には、室町時代ごろに伝わったといわれます。

六曜の意味

- 先勝
  急ぐほど吉とされる日。
- 友引
  引き分けで勝負がつかない日。
- 先負
  勝負や急用は避けるべき日。
- 仏滅
  何事もうまくいかない日。
- 大安
  万事がうまくいく日。
- 赤口
  祝いごとには向かない日。

「子どもの成長をお祝いする行事」「子どもと季節の節目を楽しむ行事」に出てくる用語をそれぞれ配列しています。
※行事の名称は色字で示しています。 赤字は、項目についてもっとも詳しく説明しているページです。

子どもと季節の節目を楽しむ行事（79～116ページ）

あ
葵祭・・・・・・・・・・95
秋の七草・・・・・・105
小豆粥・・・・・87　111
網飾り・・・・・・・・・99
亥の子・・・・・・・108
海の日・・・・・・・100
エイプリルフール・・・92
恵比須講・・・・・・106
大晦日・・・・・・・115
送り火・・・・・・・103
お正月・・・・・・・・82
お歳暮・・・・・・・110
おせち料理・・・・・・83
お中元・・・・・・・100
お屠蘇・・・・・・・・83
お花見・・・・・・・・93
お彼岸・・・・・・・・91
お盆・・・・・・・・102

か
鏡開き・・・・・・・・86
鏡餅・・・・・・82　86
書き初め・・・・・・・84
門松・・・・・・・・・82
祇園祭・・・・・・・101
被綿・・・・・・・・104
旧暦・・・・・・・・116
熊手・・・・・・・・109
クリスマス・・・・・112
クリスマスツリー・・112
クリスマスリース・・112
啓蟄・・・・・・・・・90
敬老の日・・・・・・104
五山送り火・・・・・103
小正月・・・・・・・・87
事始め・・・・・・・・89
こま回し・・・・・・・85
衣替え・・・・・・・・96

さ
左義長・・・・・・・・87
七面鳥・・・・・・・113
しめ飾り・・・・・・・82
十五夜・・・・・・・105
十三参り・・・・・・・93
十三夜・・・・・・・106
シュトーレン・・・・113
正月遊び・・・・・・・85
正月行事・・・・・・・84
正月事始め・・・・・110
除夜の鐘・・・・・・115
神幸行列・・・・・・・95
人日の節句・・・・・・86
すごろく・・・・・・・85
すすはらい・・・・・110
節分・・・・・・・・・88
煎茶・・・・・・・・・94
雑煮・・・・・・・・・83

た
凧あげ・・・・・・・・85
七夕・・・・・・・・・98
短冊・・・・・・・・・99
誕生仏・・・・・・・・92
稚児行列・・・・・・・92
父の日・・・・・・・・97
茅の輪・・・・・・・・97
重陽の節句・・・・・104
冬至・・・・・・・・111
冬至かぼちゃ・・・・111
十日夜・・・・・・・109
年越しそば・・・・・115
年の市・・・・・・・114
土用の丑の日・・・・101
酉の市・・・・・・・109

な
夏越の祓・・・・・・・97
夏祭り・・・・・・・101
二十四節気・・・・・116
入梅・・・・・・・・・96

は
八十八夜・・・・・・・94
初午・・・・・・・・・88
初詣・・・・・・・・・84
花祭り・・・・・・・・92
羽根つき・・・・・・・85
母の日・・・・・・・・95
針供養・・・・・・・・89
春の七草・・・・・・・86
バレンタインデー・・・89
ハロウィン・・・・・107
吹き流し・・・・・・・99
ブッシュ･ド･ノエル・・113
文化の日・・・・・・108
ほうじ茶・玄米茶・・・94
ホワイトデー・・・・・90
盆踊り・・・・・・・103
盆棚・・・・・・・・102

ま
迎え火・・・・・・・102
餅つき・・・・・・・114
餅花・・・・・・・・・87
紅葉狩り・・・・・・107

や
やいかがし・・・・・・88
ゆず湯・・・・・・・111

わ
若水・・・・・・・・・84

さくいん

子どもの成長をお祝いする行事（7～78ページ）

■監修者紹介

新谷尚紀（しんたに たかのり）
民俗学者。1948年広島県生まれ。早稲田大学第一文学部史学科卒業、同大学院博士課程修了。国立歴史民俗博物館、総合研究大学院大学の教授を経て、2010年より同名誉教授、國學院大學大学院教授。『和ごよみと四季の暮らし』(監修／日本文芸社)、『日本の「行事」と「食」のしきたり』(監修／青春出版社)、『伊勢神宮と出雲大社 「日本」と「天皇」の誕生』(講談社)をはじめ著書、研究論文は多数。

●主要参考文献：

『日本人の春夏秋冬―季節の行事と祝いごと』新谷尚紀著(小学館)／『どうする？ 子供のお祝い』わか草研究会編著(金園社)／『日本のしきたりがわかる本』新谷尚紀監修(主婦と生活社)／『和ごよみと四季の暮らし』新谷尚紀監修(日本文芸社)／『季節の行事と日本のしきたり』新谷尚紀監修(毎日コミュニケーションズ)／『「和」の行事えほん① 春と夏の巻』髙野紀子著(あすなろ書房)／『「和」の行事えほん② 秋と冬の巻』髙野紀子著(あすなろ書房)／『冠婚葬祭マナーの便利帖』岩下宣子監修(高橋書店)／『冠婚葬祭のしきたり・マナー事典』岩下宣子監修(ナツメ社)／『お礼の手紙とはがき文例集』川崎キヌ子監修(日本文芸社)

●カバー・総扉・もくじイラスト：糸乃
●本文イラスト：小野寺美恵／猪原美佳／堀口順一朗
●デザイン：谷口賢
●編集：株式会社スリーシーズン(飯田育浩)

家族《かぞく》で楽《たの》しむ
子《こ》どものお祝《いわ》いごとと季節《きせつ》の行事《ぎょうじ》

2012年6月29日　第1刷発行

監修者　新谷尚紀《しんたにたかのり》
発行者　友田　満
印刷所　図書印刷株式会社
製本所　図書印刷株式会社
発行所　株式会社日本文芸社
〒101-8407　東京都千代田区神田神保町1-7
03-3294-8931（営業）03-3294-8920（編集）
Printed in Japan　112120621-112120621Ⓝ01
ISBN978-4-537-21009-5
URL http://www.nihonbungeisha.co.jp/
©3season 2012

乱丁・落丁本などの不良品がありましたら、小社製作部宛にお送りください。送料小社負担にておとりかえいたします。法律で認められた場合を除いて、本書からの複写・転載(電子化を含む)は禁じられています。また、代行業者等の第三者による電子データ化及び電子書籍化は、いかなる場合も認められていません。
(編集担当：角田)